Bailar la Danza del Vientre

Todas las claves de la danza

Mª Elena Morató

Créditos

© 2001-2015 Mª Elena Morató (texto y dibujos)
© 2001-2015 Soledad Corna (fotos de la sesión con La Negra)
© 2005-2015 Mustafá Aharrat (fotos de la sesión con Rachida Aharrat)

Diseño de portada:

(www.lucascarrascosa.com)

Fotos 155 y 163; artículos de la revista *Danza Oriental*, cortesía Rosa Martínez (//estudiopiramides.com)
Fotos 154 y 169, cortesía La Negra Gómez Romero (//danzaorientalnegra.wordpress.com)
Foto 168, cortesía Rachida Aharrat (www.rachidaaharrat.com)
Foto de Devorah Korek, cortesía Devorah Korek (www.sarabi.es)
Foto de Ximena Mart, cortesía Ximena Mart (www.arabesca.cl)
Nota: Blanca M. Maré y Lucía Gertrud son seudónimos de Maria Elena Morató

www.facebook.com/bailarladanzadelvientre
ISBN: 9788460816812

Nota sobre copyright

Los propietarios del copyright no tenemos cedidos los derechos de reproducción e impresión, por lo que no nos hacemos responsables de las ediciones impresas ajenas o de las páginas web que utilicen fraudulentamente nuestro texto o fotografías.

A Susanna Walser y Shokry Mohamed, mis maestros.

ÍNDICE

Aproximación literaria a la tercera edición   p. 9

Introducción y nota a la segunda edición   p. 12

PRIMERA PARTE

Un poco de historia

- ¿Por qué se llama danza del vientre?   p. 16
- **Olvidemos los tópicos**   p. 16
- ... y conozcamos sus beneficios   p. 17
- Orígenes de la danza del vientre   p. 18
- ¿Cuáles son los antecedentes? Las diversas fuentes p. 18
- Influencia de la sociedad en la danza   p. 19
- La formación de una danza con lenguaje singular   p. 22
- Antecedentes inmediatos. La influencia egipcia   p. 27
- Trazos diferenciales   p. 30
- La influencia de otras danzas   p. 32
- La llegada de la danza al mundo occidental   p. 40
- Estructuración de una danza estándar   p. 42

Los distintos estilos

- Los principales estilos de la danza del vientre   p. 43
- Estilo egipcio   p. 43
- Estilo tribal   p. 45
- Estilo cabaret o americano   p. 45

SEGUNDA PARTE

Los componentes de la danza

La música

- Los estilos musicales: música folklórica y música culta	p. 50
- Los instrumentos musicales y su relación con la danza	p. 53
- Los ritmos básicos	p. 54
- Nociones básicas para tocar la darbuka	p. 59

Los movimientos

- Vocabulario básico	p. 61
- Antes de empezar los pasos	p. 63

Preparación y calentamiento

- Ejercicios de calentamiento	p. 64
- El centro del cuerpo	p. 78
- Postura de partida. La colocación del cuerpo	p. 79

Movimientos básicos

- Pasos y movimientos	p. 88
- Brazos	p. 88
- Las manos	p. 93
- Hombros	p. 94
- Torso	p. 95
- Vientre	p. 101
- Caderas	p. 102
- Danza estática y danza con desplazamientos	p. 112
- Giros y vueltas	p. 119
- Trabajo en el suelo	p. 124

Los complementos

- Cabello	p. 130
- Crótalos (forma de tocar los crótalos y ritmos)	p. 131

- Velo — p. 134
- Palo — p. 150
- Candelabro — p. 154
- Plato — p. 155
- Velas — p. 155

Estructura de la danza del vientre

- La danza como interpretación de la música — p. 158
- Las partes fundamentales de una danza estándar — p. 159
- Cómo utilizar los pasos y los ritmos — p. 160

Cómo crear nuestra propia coreografía

- Elegir la música — p. 162
- Elegir los pasos — p. 163
- Cómo dar expresión y sentido al conjunto — p. 164
- Encontrar nuestro propio estilo. Recomendaciones — p. 165

Cómo hacer nuestro traje de bailarina

- Elección del estilo más conveniente. — p. 167
- Confección de sus partes (caftán, pantalón, falda, cinturón, sujetador, blusa, chaleco) — p. 168
- Ornamentación — p. 176

Cómo presentarnos en público — p. 178

Glosario — p. 180

Bibliografía — p. 185

ANEXO 1

Entrevistas

- La Negra Gómez Romero — p. 188
- Rachida Aharrat — p. 195
- Ximena Mart — p. 202
- Devorah Korek — p. 207

ANEXO 2

Selección de críticas y artículos de la autora

- **Voces Nubias** (*Palimpsestos* nº 4, 1994) — p. 214
- **Entrevista a Hossam Ramzy** (*Zaqafa-Cultura* nº 4, 1998) — p. 218
- **Tradición y clasicismo en la danza** (*Zaqafa-Cultura* 2, 1997) — p. 220
- **Amateurs y profesionales** (*Danza Oriental*, Junio 2004) — p. 223
- **Desembarco de superstars** (*Danza Oriental*, Octubre 2004) — p. 224
- **Los músicos del Nilo en España**
   (*Danza Oriental*, Febrero 2005) — p. 225
- **El espíritu perdido** (*Danza Oriental*, Mayo 2005) — p. 227
- **Un espectáculo de danza con Rachida Aharrat**
   (*Danza Oriental*, Septiembre 2005) — p. 228
- **De cine: Un museo en la videoteca**
   (*Danza Oriental*, Enero 2006) — p. 232
- **Luces y tatuajes** (*Danza Oriental*, Mayo 2006) — p. 233
- **Alma de AL-Andalus** (*Danza Oriental*, Enero 2007) — p. 234
- **Deseos... y resultados** (*Danza Oriental*, Mayo 2007) — p. 236
- **Festival Gnawa** (*Danza Oriental*, Septiembre 2007) — p. 238
- **Sáhara: viaje musical a la frontera sur del Mediterráneo**
   (*Quaderns de la Mediterrània* nº 7, 2006) — p. 242
- **Gnawa:música y espíritu**
   (Quaderns de la Mediterrània 8, 2007) — p. 250
- **Shokry y Hamza el-Din: un encuentro**
   (*Danza Oriental*, Septiembre 2006) — p. 255

Aproximación literaria a la tercera edición

A finales de 2014, después de bastantes años apartada de la práctica activa y del seguimiento del mundo de la danza del vientre (un alejamiento que coincidió con la desaparición de la revista **Danza Oriental** en 2006) volví por curiosidad a mi propio libro y, pese al espectacular cambio que ha tenido a nivel social la extensión de esta disciplina, tuve la satisfacción de comprobar que el libro conservaba su carácter práctico y que seguía plenamente vigente. Las experiencias vividas estos 15 años que me separan de la primera edición me han dado una excelente perspectiva, que me ha permitido valorar positivamente este condensado y extremadamente práctico manual.

El lejano 1981 de que hablo en la introducción me retrotrae indefectiblemente a Túnez, maravilloso país y cuna de descubrimientos y experiencias fundamentales en mi vida. Y vuelvo en la memoria a ese Institut Bourguiba des Langues Vivantes de la Avenue de la Liberté que me recomendó mi profesora en la Universidad de Barcelona Dolors Bramón y en el que coincidí, en dos años sucesivos, con las hoy reputadas arabistas Rosa Martínez, Nieves Paradela y Margarita Castells. La fiesta de final de curso que nos preparó la dirección me reservaba una sorpresa: la actuación de un grupo de danza folklórica. ¡Madre mía! ¡Qué descubrimiento! En esa época, sin haber viajado antes a los países árabes, mis referencias audiovisuales, por supuesto vía París, eran únicamente sonoras, y básicamente se referían a conciertos de música clásica orquestados, canciones de Um Kalzum y repertorios con laúd. De manera que la energía directa de esos *Raqs al Juzur* i *Raqs al Maharim* me dejó *vraiement touchée*. De vuelta a Barcelona descubrí en un restaurante a la exquisita bailarina norteamericana **Susanna Walser**, que hacía el milagro de enamorar a hombres y mujeres con sus evoluciones por los ínfimos espacios entre las mesas. Sin demora, embriagada por los fragantes movimientos de esta elegante mujer me dispuse a entrar de lleno en un mundo que me auguraba grandes y emotivos momentos de placer estético. Efectivamente, el descubrimiento de la disciplina iba parejo al descubrimiento de las músicas y las poesías, y por tanto al de las respectivas sociedades y culturas: árabes, bereberes, tuareg, turcas, persas, egipcias.....

La segunda etapa de mi inmersión vino marcada por otro artista: el bailarín egipcio **Shokry Mohamed**, de quien tuve conocimiento gracias a un artículo publicado en el nº 9 de la revista ***Cálamo*** (abril-junio de 1986), editada por el Instituto Hispano Árabe de Cultura. Con él descubrí todo un elenco de músicos y cantantes egipcios, así como los folklores oriental y nubio. El afable magnetismo del bailarín me sedujo (como a todos y todas que le conocimos) hasta el punto de convertir los viajes a Madrid, cada mes de febrero y coincidiendo con la feria de arte ARCO, en una cita ineludible. Fue precisamente durante una conversación con Shokry en 1994, mantenida en la Barceloneta de la capital catalana momentos antes de asistir juntos al recital de otro ilustre artista, el músico y símbolo cultural para el pueblo nubio **Hamza el-Din**, que empezó a perfilarse en ambos nuestro interés por poner sobre el papel un escrito que dignificara esta danza, tantas veces denigrada e infravalorada por costumbres y prejuicios, por equívocos, por malas prácticas... La dignificación de la danza: ése era nuestro interés común. De esa larga conversación surgirían con el tiempo dos proyectos, dos libros: el del maestro y el de la periodista ... Shokry me pidió en ese momento un texto para su primer libro (***La danza mágica del vientre****,* Madrid 1995*)* y al mismo tiempo contestó todas las dudas que yo tenía todavía sin resolver. Ahí empezaron mis investigaciones sobre música y danza oriental... Al cabo de unas semanas le envié por correo el escrito con una nota: "utiliza el texto como te de la gana, corta o cambia lo que quieras". Descubrí con ilusión que había reproducido mis palabras íntegramente y sin cambiar una coma como parte de la introducción del libro. Cinco años después reproduje ese mismo texto en mi propio libro, también sin cambiar una coma, ya que la síntesis me seguía pareciendo inmejorablemente clara y concisa. Una anécdota que hoy se revela por primera vez. Podría decirse que las palabras de ese texto compartido las puse yo, pero el espíritu y la columna vertebral las puso él. Así pues, la triple inspiración tunecina, americana y egipcia me sumergieron en un universo al que dediqué muchas horas y momentos memorables entre los años 1981 y 2006. La primera edición de ***Bailar la***

danza del vientre fue supervisada por el mismo Shokry, que no sólo le dio el visto bueno al texto sino que también me sugirió a las dos bailarinas-modelo que ilustraron las explicaciones sobre los distintos pasos. La primera fue **La Negra Gómez Romero**, y para la segunda edición sumé la participación desinteresada de **Rachida Aharrat**. La colaboración con Shokry y Rosa y su añorado estudio de danza ***Las Pirámides*** de la madrileña calle Limón, siguió en el año 2001 cuando me ofrecieron la sección de crítica en su revista ***Danza Oriental***, la primera en lengua española dedicada íntegramente a esa danza. "Yo no puedo criticar a mis amigas - me dijo- pero tú tienes carta blanca. Critica todo lo que quieras". En esta edición de 2015 he añadido y enriquecido conceptos tanto en los apartados teóricos que hacen referencia a las influencias musicales y folklóricas en la formación de la danza del vientre como en el apartado práctico y los diversos estilos y expresiones de la danza. He querido también trasladar a los lectores las impresiones que sobre danza tienen, hoy, mis queridas bailarinas colaboradoras, ya con una larga trayectoria a las espaldas, que nos comentan los cambios vividos en esta disciplina desde una perspectiva totalmente contemporánea. Completa la edición una selección de mis críticas de la sección **"Desde la butaca"** en la revista Danza Oriental, que ilustran muy bien una época de la danza del vientre en España y que nos ayudarán a entender su situación y evolución actual.

Entendemos que la expresión de la danza, como arte que es, es atemporal. Es por ello que detener un poco el tiempo, mirar atrás y lanzar una ojeada en perspectiva nos ayudará a posicionarnos de manera firme en ese continuo meandro que es la danza del vientre... con paso decidido hacia el futuro que queremos escribir.

La danza del vientre ha proporcionado momentos gloriosos a lo largo de su historia, pero su futuro alberga, gracias a su extraordinaria vitalidad, excitantes momentos por descubrir, degustar.... y bailar.

¡Disfrutad de la nueva lectura!

Barcelona, julio de 2015

Introducción a la primera edición

La danza del vientre es uno de los bailes que mayor fascinación ha ejercido a lo largo del siglo XX, tanto en hombres como en mujeres, por ese halo de misterio y exotismo que siempre la ha rodeado. Podría decirse que es casi un mito iconográfico del subconsciente colectivo. Y, sin embargo, ¿no es al mismo tiempo una gran desconocida? Por suerte, cada vez se hace menos difícil poder ver y practicar esta completa y bellísima danza, un auténtico regalo para la vista y para el espíritu si tenemos la suerte de ver a buenos profesionales.

Ocurre muchas veces que, aún estando interesados en ella, no tenemos la posibilidad de acudir a un centro de enseñanza de danza árabe, ya sea porque en nuestra ciudad no hay profesores o porque el horario del trabajo nos lo impide. Pero eso no es problema para que nosotros, con este manual y en nuestra propia casa, empecemos a conocer y a disfrutar de la danza del vientre. Todo lo que hagamos nos servirá no sólo para conocer las posibilidades de nuestro cuerpo sino que será un entrenamiento precioso si decidimos acudir a un taller intensivo de los que se imparten una o dos veces al año en los centros más importantes o apuntarnos a un curso regular: todo lo que hayamos aprendido nos ayudará a asimilar mucho más rápidamente las enseñanzas de los profesores y aprovecharemos a fondo cada uno de los minutos de las clases y las indicaciones que se nos den en ellas.

Para conseguir esta primera iniciación, en este manual empezaremos por conocer en primer lugar qué es la danza del vientre, de dónde viene, para qué sirve, qué nos aporta, y luego aprenderemos a sentir y a interpretar los sonidos que la acompañan y los movimientos que la conforman.

Nada tan simple y a la vez tan complicado. Lo único que tenemos que hacer para tener éxito en nuestro aprendizaje es no olvidar una sencilla frase: **la música es un placer, la danza es un placer**. A partir de ahí, dejaremos de lado cualquier preocupación y nos sumergiremos en la música y en los movimientos de nuestro propio cuerpo. Poco a poco iremos extrayendo de él la expresión y la poesía que encierran, y aprenderemos a transmitirla a los demás.

Este manual consta de cuatro apartados principales: una aproximación histórica y teórica que nos ayudará a entender el qué y el porqué de la danza del vientre; una introducción a la música y a los ritmos básicos que acompañan y estructuran los diversos movimientos; una explicación práctica y detallada de los movimientos y de cómo realizarlos (acompañados por una serie de ejercicios preparatorios), y un apartado final que nos ayudará a encontrar nuestro propio estilo y a estructurar una danza del vientre a partir de los movimientos aprendidos.

La danza del vientre: una más entre las artes escénicas

Con una afición casi apasionada, entré en contacto con el mundo de la danza del vientre en un ya lejano año 81, ahondando en sus entresijos de la mano de Susanna Walser y de Shokry Mohamed, a quienes siempre he considerado mis maestros en esta disciplina. Podría decirse, pues, que he vivido los inicios de la introducción de esta danza en España y su posterior popularización. A lo largo de este tiempo he tenido ocasión de leer, de preguntar, de ver, y he aprendido de maestros y bailarinas de estilos y procedencia diversos, desde Egipto a los Estados Unidos; y no sólo viéndolos en vivo y acudiendo a sus talleres, sino también comparando fotografías, vídeos, películas y opiniones recogidas a veces al azar. De la misma forma que uno aprende los lenguajes de la palabra, de la música o la pintura, también deben aprenderse los de la danza: hay que saber leer un libro, escuchar una canción, mirar un cuadro o un baile, y al mismo tiempo, y quizá más importante, saber disfrutarlos.

Para entender la danza del vientre necesitamos entender primero sus raíces, sus movimientos, su propia dinámica como arte vivo que es. Veremos que sus formas varían, como también varían sus componentes y su propia ejecución, no sólo desde una perspectiva temporal (a lo largo de la historia) sino también geográficamente, ya que estamos hablando de un arte que se desarrolla en una extensión de miles de kilómetros.

A pesar de que está en auge constante en Estados Unidos (país pionero en la divulgación de la danza del vientre), Europa y Sudamérica, y últimamente también en Japón, la danza del vientre necesita todavía encontrar su lugar entre las demás artes con un estatus de pleno reconocimiento. La dignificación de esta danza es la lucha que muchos de los grandes maestros y bailarinas llevan a cabo desde sus respectivas escuelas y a través de sus enseñanzas. Y nosotros queremos también contribuir a ello.

En España la introducción de la danza del vientre data de poco más de 25 años, pero en este tiempo se ha incrementado espectacularmente el interés por ella, así como las posibilidades de acudir a talleres de figuras reconocidas.

Durante el tiempo transcurrido entre la primera versión de este texto y la actual edición, la danza del vientre ha acrecentado todavía más su presencia en el panorama de las actividades realizadas de forma habitual por las mujeres, lo cual supone a la vez la satisfacción de ver que la danza se impone como algo cotidiano y que el nivel de conocimiento aumentará la exigencia de calidad sobre los profesionales.

Barcelona, 2000-2005

Primera parte

HISTORIA Y ESTILOS

¿Por qué se llama danza del vientre?

Diversas son las causas que se barajan por las cuales se llama "danza del vientre" a un tipo de danza femenina que se ejecuta con acompañamiento musical y que sigue unas reglas y una estructura que ha ido variando con el tiempo y que logró una cierta estandarización a mediados del s. XX. También se la conoce con el nombre de danza oriental (*raqs sharqui* en árabe) y aunque algunos autores prefieren esta denominación, yo la considero un concepto excesivamente amplio para responder a una manifestación mucho más concreta y con una identidad diferenciable, ya que desde nuestro punto de vista occidental, danza oriental puede serlo tanto una danza del Líbano como una danza india o japonesa. Además, al aludir a un concepto geográfico, la palabra "oriental" resulta excesivamente abstracta. Por eso hemos optado por la denominación "danza del vientre".

Olvidemos los tópicos

El tópico con el que debe luchar constantemente esta danza es el que la considera un mero baile de cabaret o entretenimiento popular sin la dignidad necesaria para ser considerado arte. La misma denominación de "danza del vientre" tiene que luchar contra el sentido excesivamente sexual y peyorativo que arrastra debido a una cultura (la nuestra) con demasiada tendencia a acallar la sensualidad del cuerpo. Paradójicamente, los que bautizaron esta danza como "del vientre" ignoraban el sentido profundo de esta palabra, que tal como me hizo ver el bailarín Shokry Mohamed, simboliza la vida misma, la creación primigenia... El vientre, efectivamente, es la zona del cuerpo que ha estado más presente en danzas rituales de iniciación, danzas que en las primeras civilizaciones (y todavía en algunas actuales) poseían un carácter mágico-religioso y que se efectuaban con carácter comunitario. Algunas de estas danzas, desgraciadamente, han sido actualmente prohibidas en sus propios países debido a los límites impuestos por las corrientes religiosas.

... *y conozcamos sus beneficios*

Excelencias artísticas a parte, la danza del vientre, como en sus más remotos orígenes, está volviendo a ser utilizada por sus cualidades como terapia corporal para la mujer a cualquiera de sus edades y en la preparación de la mujer para el esfuerzo del parto y su posterior recuperación, ya que los movimientos que se realizan en la danza fortalecen la musculatura ventral y pélvica, aumentando su resistencia y elasticidad y haciéndolas más controlables por la mujer de forma voluntaria. Ejercitar los músculos abdominales era y es muy importante para que la mujer pueda ayudar en el proceso del parto natural.

En algunos antiguos rituales de nacimiento (primer embrión de lo que sería la actual danza del vientre), las mujeres rodeaban a la parturienta y ondulaban sus estómagos y movían sus caderas para acompañarla en ese trance. Estos ejercicios se usan actualmente en clases de preparación para el parto, junto a otros movimientos pélvicos. Ambos ayudan a la mujer a regular su respiración y paliar el sufrimiento al dar a luz.

Además de sus cualidades terapéuticas, los ejercicios que se realizan en la ejecución de esta danza resultan un ejercicio de bajo impacto que trata zonas tradicionalmente problemáticas en el cuerpo de la mujer, como la flaccidez de la parte inferior de los brazos, endureciendo a la vez los músculos pectorales, adelgazando la cintura, fortaleciendo las piernas, tonificando las caderas y apretando las nalgas.

Otra de las propiedades que se resalta de la danza del vientre es su capacidad como estimuladora del plexo solar (centro energético y nervioso que se halla bajo el esternón, muy conocido en disciplinas como el yoga y donde suele acumularse la ansiedad); los constantes movimientos de vientre y caderas efectuados a lo largo del baile, al estimularlo, contribuyen a la distensión nerviosa, redundando por tanto en el bienestar general.

En definitiva, un completo conjunto de movimientos y ejercicios que esculpen las admiradas curvas femeninas al mismo tiempo que incrementan la flexibilidad del cuerpo y levantan el espíritu.

Orígenes de la danza del vientre

Esta danza tan particular ha bebido en las fuentes del conjunto de danzas que se bailan o se han bailado a lo largo de la historia en el territorio de los países árabes o de influencia arabo-islámica. De hecho, son algunas danzas mágico-religiosas que datan de los tiempos antiguos y, más recientemente, las danzas folklóricas en sus más diversas vertientes las que aportan los ingredientes fundamentales de la danza del vientre, que a fin de cuentas es la evolución y la estilización de aquéllas, adaptadas a las modas del momento.

Es una tradicional mezcla de elementos religiosos y eróticos, heredera de los cultos a las grandes diosas madres presentes en las primeras culturas orientales, desde Isis y Astarté a Ishtar, Afrodita, Venus, Parvati, Bhagvati y Ceres.

Los viajeros de siglos anteriores documentan las danzas de Oriente Medio como unas danzas con múltiples variantes originadas en la antigüedad a partir de rituales y danzas sagradas que se camuflaron posteriormente en danzas folklóricas y cuya evolución y pervivencia fue influida por el tamiz de los diversos grupos étnicos. A grandes rasgos, son danzas de comunidad, ejecutadas en festividades o acontecimientos importantes y puntuales, con movimientos que son aprendidos y ejecutados por un gran número de personas. Muchas de estas danzas se centran en los movimientos femeninos realizados con las caderas y el abdomen de forma aislada.

Los diversos estilos regionales fueron marcados tanto por las costumbres sociales y creencias espirituales y religiosas como por las necesidades del acompañamiento musical ejecutado.

¿Cuáles son los antecedentes?
Las diversas fuentes

En la danza del vientre intervienen muchos elementos que provienen de culturas diferentes y anteriores, como la faraónica, la fenicia, la nubia, la turca o la beréber, entre otras. Rastrear los diversos componentes es un ejercicio de investigación apasionante, aunque no es precisamente el objeto de este manual. No obstante, se hace imprescindible conocer de dónde proceden sus trazos principales.

Al hablar de orígenes hay que hablar no sólo de formas, sino también de contenidos. No sólo de lo que se ve, sino también de lo que significa. No es necesario repetir aquí que la danza nació como una necesidad de tipo mágico y religioso. El movimiento, asociado al ritmo y al aliento vital, era y es todavía (en comunidades como las sufíes) una manifestación del espíritu supremo, con el cual se reencuentra el que ejecuta la danza. Muchos de estos movimientos repetitivos, a menudo asimilados a los giros estáticos o de traslación, poseen una simbología cósmica y son al mismo tiempo danzas de las llamadas "de tránsito" o trance. Unos de los ejemplos más impresionantes de este tipo de danzas son la Guedra, bailada en el sur de Marruecos, y las danzas de los derviches giróvagos de las cofradías sufíes.

Otro de los movimientos básicos y más antiguos de la danza, el pélvico, va asociado a los ritos de fencundidad. Este movimiento puede encontrarse todavía en expresión genuina en danzas beduinas del norte de África, sobre todo en la Kabilia argelina, donde las danzas beréberes conservan la primordialidad de las formas. La aportación beréber será fundamental en el rico conjunto de las danzas que se bailan en el Magreb, dándoles un sentido que entronca directamente con el espíritu trascendente de las danzas milenarias. Un ejemplo destacable es la conocida danza de la tribu de los Ouled Nail, que acusa influencias del África negra, con un carácter marcadamente ritual y con movimientos repetitivos. Pero no hay que olvidar que muchos de estos movimientos eran comunes en las sociedades antiguas y emergentes, y que la rotación de las caderas y el abdomen, por ejemplo, eran conocidos también en Grecia.

Influencia de la sociedad en la danza

Que las creencias y la evolución del modelo social están íntimamente ligados es algo que la antropología social se ha encargado de demostrarnos. En este sentido, se ha señalado en repetidas ocasiones que el primer cambio radical en las costumbres de los grupos humanos proviene de la progresiva transformación de la sociedad matriarcal (con sus deidades femeninas) en sociedad patriarcal (con sus dioses masculinos), lo cual trajo consigo un arrinconamiento progresivo de las danzas femeninas públicas y su desvinculación de su antiguo carácter religioso. La progresiva penalización y rechazo de las danzas que eran expresión de otras costumbres y que simbolizaban antiguos cultos paganos, propició que la danza se transformara por una parte en un acto totalmente privado y por otra que evolucionara progresivamente hacia un carácter profano. Las creencias fuertemente enraizadas y nunca del todo abandonadas por parte de la población que vivía apartada de las influencias directas y el control de las nuevas religiones, hicieron posible que a pesar de las dificultades e impedimentos llegaran hasta nosotros casi intactas algunas danzas, movimientos y formas que fueron pasado de madres a hijas desde tiempos que escapan a nuestra memoria.

La arqueología es una de las fuentes de información que tenemos para rastrear el origen de algunos movimientos que todavía hoy se utilizan en la danza del vientre. La civilización egipcia, considerada la fuente histórica más antigua conocida a la que se remontan las danzas actuales, nos da algunos ejemplos coreográficos en pinturas y relieves. Un movimiento que se realiza ahora igual que hace 4.000 años es el que aparece en un bajorrelieve de la Alta Época y que encontramos en idéntica disposición simétrica en la zona del Golfo Pérsico en la actualidad: filas de muchachas llevando su larga cabellera de izquierda a derecha en movimientos alternativos (la llamada danza *naashat* de los Emiratos). Otra de las fuentes nos la proporciona la literatura y la mitología. El ejemplo quizá más claro es el que hace referencia a la danza de los velos de la diosa mesopotámica Ishtar. Originariamente simbolizaba el tránsito de la muerte a la nueva vida, y cada uno de los siete velos eran las siete puertas que el espíritu debía atravesar. La Biblia, a través de la historia de Salomé, cambió el signo esencialmente espiritual y positivo de esta danza, convirtiéndola en una danza de muerte y de lujuria.

Las referencias de los historiadores antiguos a estas danzas y a sus bailarinas fueron constantes a lo largo de los siglos. Uno de ellos es Marcial, que en el s. I d. C. habla de la destreza y fascinación de las bailarinas de Gades (Cádiz), que acompañaban sus movimientos con las castañuelas béticas y que al parecer eran esclavas originarias de Creta y Fenicia. También podemos mencionar a Isidoro de Sevilla, Séneca y Juvenal; los testimonios son sin duda numerosos.

En período preislámico (llamado en los tiempos islámicos el período de la *yahilía* o de la ignorancia) eran ya famosas las escuelas de música, canto y danza de Medina y Meca, siendo profusamente cultivados la música y la poesía. También la tolerancia y la inclinación artística de algunos gobernantes a lo largo de los siglos dio a la danza momentos de gran desarrollo y esplendor, rescatando en este caso y relevando la herencia de los mejores momentos culturales de períodos anteriores. Se señala como edad de oro la vivida durante el primer período abasí (s. VIII y IX d. C), cuando el palacio de Bagdad se transformó en un auténtico conservatorio que acogía músicos profesionales, instrumentistas, cantores y danzarinas, una tradición que se prolongará más tarde en la Córdoba andalusí.
Posteriormente, son los anales históricos y las referencias literarias puntuales las que nos dan cuenta de la presencia de las bailarinas en las cortes de los reinos mediterráneos y orientales. El período romántico se encargará de retomar la imagen del orientalismo y avivar de nuevo el interés de Occidente por las manifestaciones artísticas de los países del norte de África y Oriente.

Ya en época reciente, en la década de los 30 del siglo XX, una mujer libanesa, Badía Masabni, abrió en El Cairo el Casino Badía, una sala de fiestas donde por primera vez se adaptó la danza del vientre a los escenarios y donde se formó toda una generación de bailarinas, como Samia Gamal y Tahía Carioca. En esta época se puso de moda el traje de dos piezas inspirado en las películas americanas. Éstos son también años de una gran producción cinematográfica egipcia (la más importante del mundo árabe), en muchas de cuyas películas solía presentarse alguna escena de danza, surgiendo entonces la popular figura de la bailarina-actriz. Esta circunstancia nos da una idea de la popularidad de la danza del vientre en la sociedad egipcia. En época contemporánea, incluso escritores como el egipcio Naguib Mahfuz las han citado en muchas de sus novelas.

Así pues, hemos visto cómo antes de transformarse en un entretenimiento para los sentidos, es decir, en el momento en que puede decirse realmente que comienza a desarrollarse como arte independiente, la danza del vientre había jugado un doble papel de carácter religioso y cohesionador en el seno de la sociedad: individual y colectivamente.

La formación de una danza con lenguaje singular

Las teorías sobre el origen de la danza del vientre son diversas, pero todas ellas coinciden en que es fruto de la conjunción e intercambio de culturas que se dio durante siglos en las zonas del Mediterráneo y Oriente Medio. Hoy en día la danza del vientre ya no es una danza folklórica, sino una fusión contemporánea de pasos de bailes folklóricos de muchos países de Oriente Medio (Egipto, Jordania, Turquía, Iraq, Túnez, etc.), con diversas aportaciones de otras zonas geográficas, como la India, el norte de África, etc.

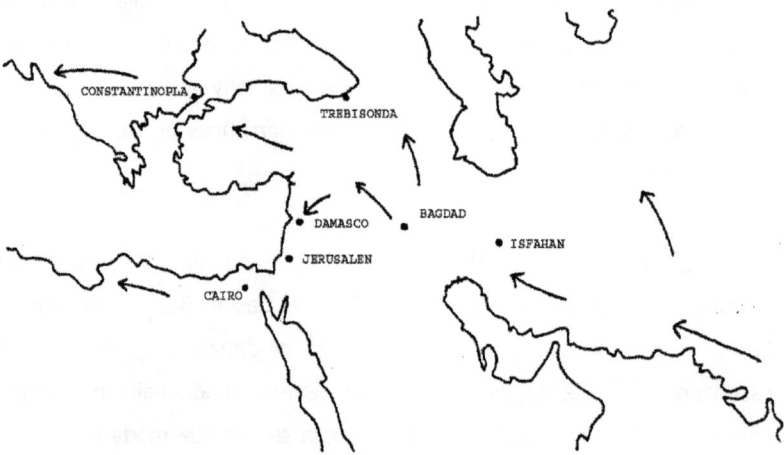

1. Las primeras migraciones gitanas en los siglos X - XII

Algunas de las influencias que ha recibido quedan reflejadas en los mapas que ilustran las sucesivas migraciones de los pueblos a través de dos rutas, la europea y la africana: la expansión del Islam (mapa I); la migración gitana que parte de la India en el s. X y que, recorriendo los territorios de Asia Occidental y Oriente Medio, llega a Europa en el s. XV (mapas II y III) y la posterior conquista turca (mapa IV).

Así pues, aunque la danza del vientre se ha desarrollado a partir de danzas folklóricas, se ha convertido en una danza con personalidad propia y cada vez más profesionalizada, ganando por tanto en calidad y perfección y pudiendo considerarse como un arte genuino.

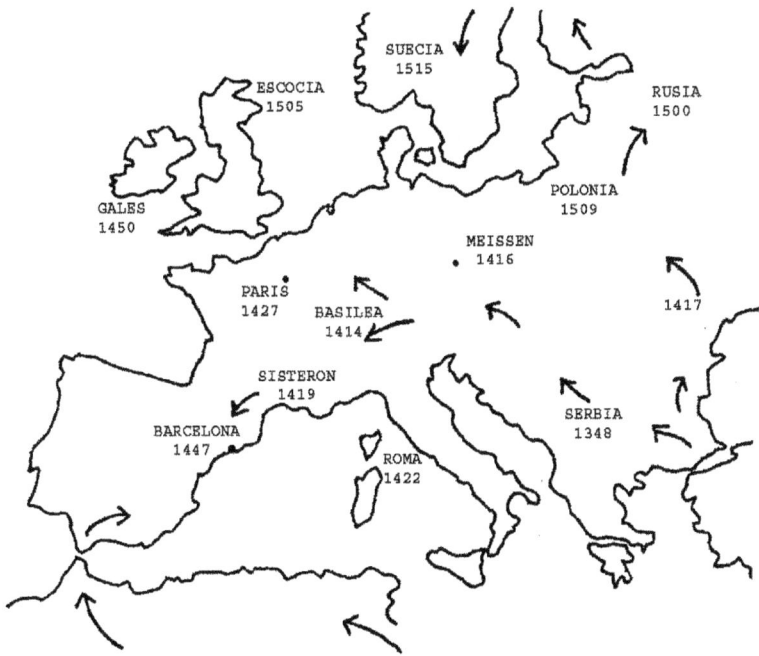

2. *Las migraciones gitanas en los siglos XIV-XV y su llegada a Europa occidental*

Veamos cómo se llevó a cabo esta evolución y cuáles fueron los factores que incidieron en ella y en su consideración social.

La historia ha querido que la larga evolución de esta danza haya sido singular, con períodos de mayor auge y otros de rechazo e incluso de ostracismo. La llegada del Islam producirá en la danza una evolución contradictoria. Por un lado quedan restringidas las representaciones públicas tanto de la danza como del canto, mientras que éstas, al mantenerse en las cortes de algunos sultanes y califas medievales, acusarán las influencias de las distintas regiones a las que llega el Islam en su período de expansión, desde Irán y Turquía hasta el Magreb y Al-Ándalus, bebiendo por tanto de las diferentes raíces folklóricas y fusionando cadencias y estructuras.

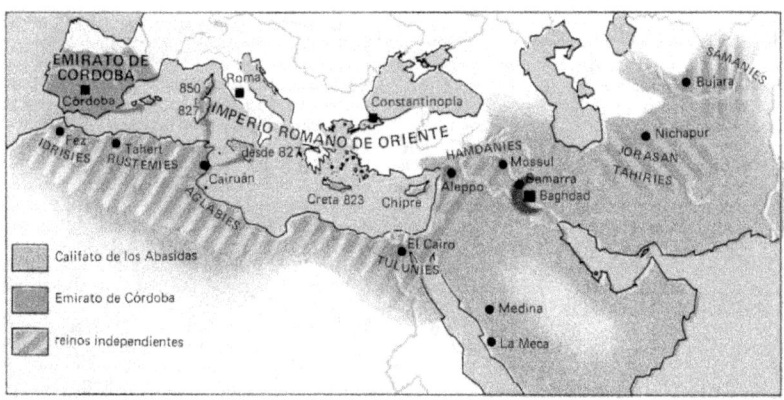

3. La expansión del Islam en los ss. VIII, IX y X

Es en estas cortes, donde la danza constituía junto con la música, la poesía y la pintura uno más de los refinamientos con que se rodeaban los gobernantes más cultos, el lugar donde la danza femenina no estrictamente folklórica empieza a desarrollarse como arte de creación.

Dice Shokry Mohamed en su obra "La danza mágica del vientre":

> "[La danza] viajó con las esclavas que iban en las caravanas desde oriente a occidente y al contrario, y al amparo de las conquistas musulmanas se extendió hasta Al-Ándalus. La danza, la música, las canciones y la poesía se introdujeron en los palacios andalusíes de Granada, Córdoba, Sevilla y otras ciudades a través de los caminos del sur. En los estudios árabes especializados se nos habla de cientos de esclavas que acudieron a los palacios de Al-Ándalus. Durante este período hubo un

movimiento de intercambio cultural entre Egipto, Bagdad y las ciudades andalusíes".

Las esclavas de las que habla se cotizaban según sus conocimientos de canto y danza, pero también eran muy apreciados los saberes de poesía, música, salmodia coránica y otras ciencias como medicina o astronomía.

Según las crónicas y la poesía, los andalusíes practicaban diferentes formas de danza, estando desde el s. IX presente en todas partes y circunstancias. Parece además que la mayor parte de las bailarinas eran a la vez músicas. En el s. XII son famosas las bailarinas de Úbeda.

No obstante, al finalizar el califato abasí en 1258 y con la radicalización de los representantes del Islam, algunas de estas manifestaciones quedaron relegadas y empezó un declive progresivo.

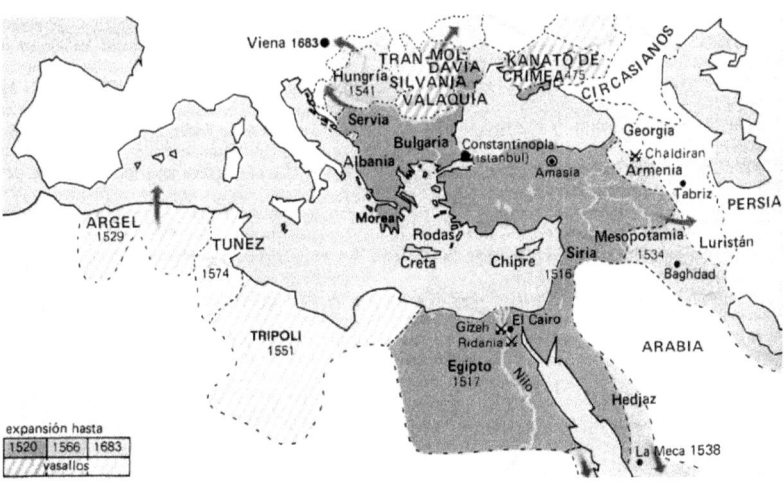

4. La conquista turca del Mediterráneo en el s. XVI

En Egipto, al finalizar el período de los mamelucos en el siglo XVI, la danza del vientre empieza a bailarse en locales de dudosa reputación, y al llegar los siglos XVIII y XIX los únicos que bailaban en público eran hombres (hay lugares donde todavía se hace así) y prostitutas. Recordemos que en Egipto el año 1834 las bailarinas fueron expulsadas a 200 km. de El Cairo. Esta visión tan negativa de la bailarina en época tan relativamente reciente hará que sea todavía vigente el rechazo a la bailarina profesional (más o menos amplio según el sector social de que se trate) y las grandes dificultades que éstas tienen para desarrollar su arte, por mucho que su honorabilidad y su calidad artística hayan quedado demostradas. Paradójicamente, el estatus de las bailarinas de más éxito puede ser el equivalente al de las actrices y cantantes en el mundo occidental, siendo muy admiradas.

Ya en el s. XX, uno de los factores clave en la evolución de la danza del vientre fue la emigración. Efectivamente, la llegada masiva a los Estados Unidos de emigrantes árabes y turcos favoreció el renacimiento de esta danza, amparada por un nuevo universo cultural y por la rápida acogida que tuvo ya entrado el s. XX por parte de las mujeres occidentales. Recordemos de pasada que este renacimiento de la cultura árabe desde el exilio fue especialmente importante en el caso de la literatura. Pero la emigración en América favoreció también la fusión de elementos árabes y turcos con otros de origen africano, de manera que hacia 1900 hubo una mezcla de elementos de una incipiente danza del vientre con danzas originarias de África y bailadas en zonas como Nueva Orleans o Louisiana. Como siempre ha ocurrido, la evolución de la danza tuvo lugar también en esta época en dos escenarios: el palacio, que en este caso serían el teatro y la ópera, y la calle, representada por los modernos locales de music hall. Por un lado, el éxito clamoroso conseguido por la imagen de la Salomé de Wilde en el teatro y de Strauss en la ópera y, por otro, la bomba social que supuso la presencia de bailarinas "orientales" en ferias internacionales como las de Chicago en 1893 y París en 1917 y su posterior introducción en el circuito de ferias ambulantes y locales de fiesta. Como curiosidad, diremos que varias de estas bailarinas fueron filmadas en algunas de las primeras películas de Edison. El origen del modelo de vestido de estilo cabaret moderno arranca del atuendo diseñado para la actriz Maud Allan en su interpretación de la figura de la Salomé de Wilde en el London Palladium hacia 1905 y que cosechó tanto éxito que tuvo centenares de imitadoras.

Junto con otras variantes que hicieron furor en la última década del siglo XIX en las salas de variedades de Europa y América, el baile llamado **hoochy coochy** (de raíz africana y en el que se movían también las caderas) hará de punta de lanza para la introducción popular de la "nueva" danza del vientre. La reina de toda esta febril "fantasía oriental" fue una bailarina llamada Little Egypt, que se dio a conocer en la última década del XIX en una carrera rodeada de escándalos sociales y que acabó siendo una leyenda asociada a la popularización del striptease.

Será, pues, a través de toda esta larga y variopinta trayectoria de la danza "oriental" a distintos niveles que se realizará una nueva lectura de la misma, con la consecuente labor de interpretación, adaptación y síntesis que llevará a la creación de un esquema de "danza del vientre" de duración media y a la fijación de los pasos principales de la misma. En ella se integran los tres ritmos básicos de la música árabe (baladí, taqsim y chiftetelli) siguiendo un esquema básico que permite sin embargo variaciones y aportaciones individuales, que analizaremos más adelante.

Antecedentes inmediatos: La influencia egipcia

A pesar de las múltiples fuentes de las que ha bebido, dos son las danzas que han influido de forma más directa en la evolución del *raqs sharquí* en el país crisol de la danza del vientre que es Egipto: las danzas de las gawazi y el *raqs baladí*.

En Egipto las danzas tradicionales eran realizadas con carácter profesional por dos clases de mujeres: las **awalim** (*alima* en singular), educadas cantantes y poetisas que actuaban para otras mujeres en el harén o en fiestas privadas y que serían hoy el equivalente a artistas profesionales, y las *gawazi* (*gazia* en singular), actuadoras callejeras de bajo estatus, sustituidas en épocas de prohibición por prostitutas, que aparecían sin velo frente a audiencias masculinas.

- las danzas de las **gawazi**. Las gawazi son bailarinas profesionales del alto Egipto originarias por lo que parece de la India. Aunque muchos pretenden que su origen se remonta a la época de los faraones, sus danzas (*raqsat al-takht*, *raqsat al-jihayni* y *asharat al-sibs*) fueron traídas a Egipto por los gitanos desde la India en el siglo X, en una de sus primeras migraciones. Durante el largo viaje de los gitanos, éstos adoptaron algunas tradiciones locales de los pueblos por los que pasaban y que incluyeron en sus estilos de danza. La música propia de

las gawazi es música tradicional interpretada con mizmar y darbuka, incluyendo a veces el rabab. Visten complicados trajes que no les dejan demasiada libertad de movimientos.
- El *raqs baladí*, bailado originariamente en las casas por las mujeres para entretenerse entre sí, es en Oriente Medio la tradicional danza de una mujer sola. Todas las niñas árabes aprenden a bailarlo en las fiestas y reuniones familiares. El movimiento principal se centraba en las caderas, los brazos se movían poco y los codos eran más bien pesados. La danza se dasarrollaba con los pies planos y aspecto pesado. Las muestras públicas de este baile empezaron a hacerse populares a mediados del siglo XIX, momento en que fue acunada la expresión "danza del vientre". Hoy este término es usado a veces de forma errónea en sustitución de *raqs sharquí* o danza oriental.

Efectivamente, fue hacia 1870, poco antes de que se inaugurara el canal de Suez, que comienza el verdadero desarrollo de la danza y el canto egipcio contemporáneos. A principios del s. XX el estilo baladí tuvo un gran desarrollo entre la población cosmopolita del Cairo, que añadió a esta danza la influencia de otros países, de los cuales provenían los inmigrantes llegados en diversas oleadas.

Esta danza renovada se conoció como *raqs sharquí*, una danza individual femenina que se consolidó tomando su propio rumbo y que acabó por distinguirse de las tradicionales danzas de grupo que seguían practicándose. Aunque la danza retuvo muchos de los movimientos de caderas asociados al baladí, el centro del movimiento se trasladó a la parte alta del torso, confiriéndole un aspecto más aéreo y menos pesado.

Con la evolución, la danza se centró tanto en los movimientos de las caderas y los músculos abdominales como en los del pecho, aunque siguió siendo una danza ligada a la tierra, con los pies siempre conectados con el suelo. Se caracteriza por los tranquilos, fluidos, complejos y sensuales movimientos del torso, alternados con movimientos temblorosos y de sacudida. En resumen, se trata de una danza en la que el control de los músculos y de las distintas partes del cuerpo es fundamental. Al tratarse de una danza muy ligada a la tierra, puede observarse que en sus versiones más tradicionales la rodilla nunca se eleva por encima de la cadera. Es sólo en época muy reciente que algunos estilos de nueva creación incluyen pasos propios del ballet clásico y la danza contemporánea en lo que al movimiento de piernas se refiere.

Algunas variantes de la danza incorporan diversos objetos, como velos, candelabros, espadas y serpientes, objetos que tienen una función mágica y protectora para los pueblos primitivos (la serpiente, por ejemplo, es un complejo símbolo que representa lo masculino y lo femenino, así como la inmortalidad). Sin embargo, gran parte de las danzas que usan estos complementos son una recreación reciente a partir de vestigios de tradiciones ancestrales y de hallazgos arqueológicos en estatuillas grecorromanas (como las procedentes de Alejandría que datan de los s. I y II d. C.), de los grabados coptos de los s. VIII y X, de las cerámicas de la época fatimí o incluso de las muñecas de barro cocido que todavía hoy se fabrican con motivo de alguna fiesta. Todo ello no es sino un complemento que se añade de forma puntual a la danza para embellecer los movimientos y hacerla más atractiva y amena.

5. *Fotografía antigua de ghawazi*

Trazos diferenciales

Hemos mencionado que la danza del vientre incorporó trazos específicos de otras danzas folklóricas y populares. Para tener una idea de cómo eran (y siguen siendo algunas), a grandes trazos podríamos decir que en el Magreb la danza trabaja más la parte inferior del cuerpo (vientre y caderas), con una notable influencia de las danzas beréberes. En Egipto se hace más patente la influencia árabe y la danza concentra sus movimientos, mucho más sutiles, en torno al tronco. El estilo egipcio es el más conocido, y en él se mezclan movimientos suaves y rápidos. Las danzas populares egipcias, así como las de la zona del Golfo, aportarán a la danza del vientre los movimientos con sable o bastón. También en el Golfo Pérsico las danzas son más graves y concentradas, casi minimalistas. El dinamismo vendrá de la parte del Líbano, con un ritmo vivo que se acerca al ritmo greco-turco. Y es en Turquía donde la danza, por un lado influenciada por la música sufí, desarrollará características más espirituales, en las que se potencian los movimientos de brazos; por otra parte, la danza turca favorece el desarrollo de su aspecto más sensual.

El dominio turco en el Mediterráneo entre los siglos XIV y XVI es el que determinó la introducción en los países ribereños (excepto en Marruecos) de nuevas influencias orientales que determinarían los estilos posteriores en la mayoría de las artes. La mayor contribución de la cultura turca a la danza del vientre es el ritmo, el castañeteo de los dedos, presente también en las danzas gitanas y las del este en general. La música turca es compleja y utiliza ritmos polirrítmicos y asimétricos como el 9/8 o karsilama, usado por las bailarinas como ritmo de introducción a las distintas partes de la danza.
En España los gitanos llevaron a cabo una compleja combinación de ritmos indios con melodías islámicas andalusíes. El estilo flamenco, por cierto, tiene similitudes en el uso de los brazos y la parte alta del cuerpo como centro con la danza clásica de Persia y algunas danzas de Asia central.
El movimiento de los dedos es característico tanto de las danzas indias como de las del Hoggar y sur de Marruecos. Es posible que el origen

remoto sea el mismo, pero su influencia en la danza del vientre vendrá a través de esa doble influencia en épocas distintas.

En Persia (Irán) su historia multicultural acusa influencias armenias, sirias, kurdas, árabes, afganas, caucásicas, judías, turcas etc. El ritmo usado más común es el 6/8.

Una de sus danzas más conocidas es la Samaa, danza rotatoria que forma parte de las ceremonias religiosas de los derviches sufíes. A pesar de la prohibición de la música y la danza, las corrientes islámicas imperantes no consiguieron erradicarlos de su cultura anterior. Los sufíes, siguiendo las enseñanzas del teólogo al-Ghazali (ss. XI-XII), las mantuvieron como forma de contacto místico con Dios. Para ellos la música es un enlace entre los hombres y el mundo celeste y es un soporte para el alma en su búsqueda de la perfección absoluta (es decir, Dios). En la cofradía **mawlawiyya** (o *mevlevi*) usan flautas en sus danzas de trance, mientras que en otras se usan también tambores. Los movimientos persas son mucho más espirituales y se originan desde el hombro. Al empezar en la parte más alta del cuerpo, los movimientos son más delicados. Usan mucho más el espacio sobre la cabeza y no usan para nada las caderas. Este estilo es el origen de los "brazos persas" o "brazos de serpiente".

También se observan influencias de las danzas de la India en ciertos movimientos de manos y espalda, o el característico desplazamiento lateral de la cabeza. Más adelante veremos cómo la música inspira unos u otros movimientos.

Todas estas diferencias en la estructura musical y en los movimientos se verán reflejados también en el diseño de los vestidos, encontrándonos desde los pesados ropajes de lana de los beréberes norteafricanos hasta la sutileza y finas telas de los turcos.

6. Fotografía antigua de alimas argelinas

La influencia de otras danzas

Podemos rastrear trazos e influencias de otras muchas danzas que el riquísimo folklore de los pueblos ha conservado hasta hoy. Señalemos algunos de ellos.

Ahwash (o **ahouach**) del Alto y Anti-Atlas de Marruecos. Danza comunitaria nocturna en la que sólo los solteros pueden tomar parte, como forma de contactar unos con otros durante la noche. Los hombres, permaneciendo de pie hombro con hombro formando una línea cantan alabanzas a la belleza de las muchachas, dando palmadas rítmicamente y esperando su respuesta. A la señal del *rais* las jóvenes vestidas con ropas multicolores, manteniendo la fila, marchan hacia delante, se paran, y cogiéndose las manos, con los dos pies planos en el suelo, se balancean arriba y abajo para hacer tintinear con fuerza las pesadas piezas del pecho. El sonido metálico forma parte de la música. Los brazos se mueven arriba y abajo con los golpes de percusión. Para encontrar marido es tan necesaria la belleza como la resistencia física.

El *ahwash*, al igual que el **ahidus** (propio del Atlas Medio), son dos danzas bereberes cantadas a partir de un tema musical muy simple que se crea en el mismo momento a partir de un tema poético o de una frase. Son danzas colectivas y rituales que se bailan en un gran círculo o en evolución marcada por el *rais* o jefe. Los hombres y mujeres están alternados codo con codo o espalda contra espalda (respectivamente), y sus corales gestos, flexiones y pasos son casi imperceptibles. Hay múltiples danzas del mismo estilo que encontramos repartidas por toda la geografía de Marruecos.

Andalou (andalusí o andaluz) Danza practicada durante las celebraciones familiares por las clases acomodadas de ciudades como Fez, Rabat, Alger, Constantina o Túnez. La música pertenece al repertorio más bailable del corpus clásico urbano. Como su nombre indica, tiene su origen en la diáspora andalusí. Las bailarinas visten ricos trajes y realizan arabescos con sus brazos, que realzan con el uso de un par de pañuelos de seda.

Chaoui (o **Abdaoui**) Danza tradicional de los bereberes del Aurés argelino. La mujer realiza enérgicos y sincopados movmientos de cadera delante-detrás vestida con ropajes **beduinos**. La música, inconfundible y de reiteración hipnótica, se interpreta con instrumentos característicos de la zona: el bendir y la gasba. Su origen es un rito de fecundidad.

Chikhat (ver **Shijat)**

Danzas de cortejo o compromiso . Hay múltiples variantes dependiendo de la zona geográfica, pero hay que resaltar la importancia de la danza en los rituales de boda en todo el Maghreb. Un ejemplo: en Tisint (al sur del Anti Atlas) es una danza comunitaria entre hombres y mujeres jóvenes que buscan pareja. Destaca la belleza de los vestidos de las mujeres. Mientras ellos giran y saltan balanceando la daga en una forma giratoria, ellas agitan sus hombros rápidamente, manteniendo los codos ligeramente doblados y las palmas hacia arriba, acercándose y alejándose de los hombres.

Danzas fellahin. Literalmente danza de campesinos, con múltiples variantes según la zona geográfica. En Argelia la realizan las mujeres dando vueltas en círculos y moviendo la pelvis repetidamente con el acento hacia atrás.

Danza del tambor. Son los movimientos de festiva coquetería que realiza la mujer con brazos y manos mientras toca el tabal en los conciertos de música tradicional mora o bidán. En Mauritania y zonas desérticas colindantes.

Danza de las trenzas. Danza ritual que las mujeres de la tribu mora de los
reguibat del Sahara realizan de pie o sentadas, con sutil gestualidad de manos y dedos y sacudidas de cabeza. Emparentada con la Guedra y la danza Nakh o del cabello, localizada ésta en el sur de Túnez y Libia y que se realiza siempre en grupo.

Danza tuareg. Tranquila y típicamente sahariana, la realizan sentados tanto hombres como mujeres, en una suerte de duelo estético en el que se enfatizan los bellos, elegantes y sinuosos movimientos de torso, hombros, cabeza, brazos y manos. Se acompaña de música realizada con el *tendé* y el *tahardent*. Emparentada con ella está también la Takamba, ritmo y danza característicos de la zona de Gao (Mali) y de la comunidad songhai, que se baila de pie, acompañada por los instrumentos *n'goni* y la calabaza.

Debka (debke). Es una danza popular libanesa con intrincados movimientos de pies que se baila en grupos. La parte alta del cuerpo permanece erguida, manteniendo la postura con el mínimo de movimientos.

Giro derviche. Se refiere a los giros efectuados por los hombres en las celebraciones de las cofradías sufíes, siendo la más conocida la Mawlawiya, creada en Turquía. De simbología cósmica, tiene lugar durante la celebración de la Samaa.

Giro tanura. Se refiere a los giros realizados en las cofradías de Egipto.

Gnawa. Ritual de trance que realizan los miembros de las cofradías del mismo nombre en Marruecos, Argelia (llamado Diwan) y Túnez (llamado Stambali). En la primera parte, más festiva, los hombres que forman parte del grupo musical que acompaña al *maalem* o maestro espiritual realizan una serie de movimientos grupales e individuales de carácter simbólico y acrobático. En la segunda parte, entrando de lleno en el ritual, los asistentes (tanto hombres como mujeres) suelen realizar movimientos de carácter espontáneo que el inconsciente colectivo ha ido fijando de forma bastante precisa.

Guedra. No es propiamente una danza, sino un ritual nocturno realizado por los moros de la zona de Goulimine en el sur de Marruecos. La figura central es siempre una mujer que danza generalmente de rodillas, ataviada con un velo negro que le cubre la cabeza, los hombros y el pecho y que significa la oscuridad y el desconocimiento. Las manos y los dedos se mueven bajo esta capa, tocando el abdomen y el corazón, transmitiendo sus sentimientos a los presentes y despojándose del velo al final de la danza. Se la ha relacionado en
cierta manera con el ritual de trance de los *gnawa* y con una búsqueda comunitaria de la energía positiva. El único acompañamiento musical es un tambor (llamado también guedra), aunque los participantes contribuyen con rítmicas palmadas y cantos en tamazigh (lengua beréber) y exhortaciones islámicas. El tambor sigue el ritmo del corazón (tek tek DUM tek tek – tek tek DUM tek tek). La repetición y crescendo constante tanto de música como de movimientos crea un efecto hipnótico que termina cuando la bailarina se detiene repentinamente, extenuada, finalizando de este modo el ritual sanador.

Haggala. Danza festiva de cortejo originaria de los oasis de Egipto y Libia, en el que las bailarinas usan kaftán y se cubren la cabeza con un velo.

Huara, del sur de Agadir en Marruecos. Forman un grupo de hombres y tan sólo una o dos mujeres. Se acompañan de palmadas (esta danza se ha señalado en ocasiones como madre del flamenco). A diferencia de las otras danzas comunitarias que hallamos en Marruecos, ésta es simplemente una diversión donde mostrar la destreza, en la que los hombres bailan "solos" al son de la música y las canciones, terminando con grandes saltos y enérgicas vueltas. Cuando el ritmo es más vivo sale la mujer, con un baile más largo, complejo y diestro que el de los hombres, en el que de vez en cuando mueve las caderas acompañando el movimiento de pies. A veces realizan un baile a dúo con uno de los hombres.

Kelaa M´Guna, en el valle del Dades marroquí. Danza para solteros muy similar al *awash*, en la que las mujeres cruzan los brazos por delante y dan la mano a sus compañeras a ambos lados mientras los hombres tocan el bendir hombro con hombro.

8. Fotografía de una ouled nail argelina

Ouled Nail. Las mujeres de los Ouled Nail, tribus localizadas en los oasis argelinos de la zona norte del Sahara, son admiradas tanto por su danza como por sus ricos trajes y elaborados tocados. Van adornadas con tatuajes y pulseras (cuyo sonido acompaña la música) y bailan rápidos movimientos con un increíble control de los músculos abdominales. Sus adornos han inspirado a las modernas bailarinas de tribal. Se trata de una danza hierática, de movimientos ligeros e imperceptibles, caracterizada por la vibración de dedos y manos, el trémolo continuo de los brazos y el tintineo de los adornos. Al igual que ocurre con las *shijat*, su historia y repercusión en la sociedad local no deja de ser controvertida.

Raqs al-assaya. Danza del bastón, originaria del Alto Egipto. Tradicionalmente es bailada por los hombres, que usan largos palos con los que simulan combates (en su origen era una lucha). La danza femenina ha adaptado algunos de estos movimientos, dulcificándolos.

Raqs al-balas. Danza del jarro de Egipto. Es un baile campesino con base folklórica.

Danza jaliyi (*khaleeji* o *khaleegy*). También llamado *naashat*, es un estilo desarrollado en el Golfo Pérsico y la Península Arábiga. Utiliza el ritmo del mismo nombre, también llamado saudi, uno de cuyos más conocidos intérpretes es Mohammed Abdou. Son ejecutadas en grupo por mujeres que enfatizan la belleza de los trajes y el largo cabello de las bailarinas.

Raqs al-juzur. Danza del jarro de Túnez o Danza de las Islas, característica de Djerba y Kerkena. Se baila con atuendo rural y el característico jarro *gargoulette* en la cabeza. Los rápidos movimientos laterales de la cadera contrastan con la inmovilidad del torso. Se acompaña de canciones tradicionales basadas en las formas populares del fundu y el zindali. Éste último originario de la frontera con Argelia.

Raqs al-maharim. Danza de los pañuelos, considerada la danza nacional tunecina, que se baila con acompañamiento instrumental. Tanto en ella como en la del jarro se observa la típica postura de los brazos en forma de W durante todo el baile. Se baila de puntillas y es de destacar el peculiar doble movimiento de la cadera, rotatorio y de rebote, particularmente agotador.

Raqs al-shaabi. Genéricamente danza popular, ya que *shaabi* significa pueblo. También con múltiples variantes geográficas y estilos diversos.

Raqs al-shamadan. Es la danza del candelabro. Tradicionalmente se baila en Egipto con ocasión de celebraciones de tipo familiar, como nacimientos (al séptimo día del nacimiento de un niño) o bodas.

Raqs tehrani. Como su nombre indica (danza de Teheran) es originaria de Irán. Es un tipo de danza individual de improvisación bailada en un ritmo 6/8 llamado *reng*. Es una danza social de entretenimiento en la que todos pueden participar. En ella los brazos se mantienen a la altura de los hombros, poniéndose énfasis en los delicados giros de las manos, tímidas expresiones faciales y suaves movimientos de caderas y pies. Existen muchas variantes de esta danza, que también puede encontrarse en Turquía y en los Balcanes.

Shijat (o Chikhat). Estilo de danza de Marruecos y Argelia que en sus orígenes fue una danza erótica con movimientos exagerados de caderas, vientre y pechos usada para la educación sexual de la novia. Más tarde se transformó en una danza social de mujeres que se acompañaba de cantos y de instrumentos de percusión como la tarija, el daff y el rabab. El término Chikhat es sin embargo algo controvertido, ya que muchas veces se asocia a mujeres de mala reputación.

Bailarinas egipcias en 1893

Tanto en el Magreb como en Oriente Medio hay muchos más tipos de danza que de un modo u otro han contribuido al corpus estandarizado de la danza del vientre. Cada comunidad tiene su sonido y su ritmo característico (incluso sus instrumentos), que se muestran en todo su esplendor durante las celebraciones familiares y comunitarias. Es precisamente en el folklore rural, especialmente norteafricano, donde encontraremos los movimientos de más difícil ejecución. Dominarlos e integrarlos en una danza de estilización con lenguaje personal será posible sólo con ayuda de las mejores maestras o maestros. Una buena profesora nos desvelará los secretos de esos movimientos y nos ayudará a asumirlos como propios.

La llegada de la danza al mundo occidental

Desde nuestra perspectiva cultural, el concepto de danza va ligado al clasicismo, a la medida, a la interpretación disciplinada de una serie de pasos que siguen una coreografía invariable en su estructura y en sus movimientos. Es la misma idea que tenemos sobre la música clásica. Para decirlo de una forma esquemática, las danzas europeas son danzas "de pasos", mientras que la danza del vientre es una danza "de músculos". En Europa tenemos una danza de improvisación, el flamenco que, como hemos apuntado, tiene muchas similitudes y algunos orígenes comunes con algunos de los componentes de la danza del vientre.

Una imagen de Badia Masabni

Fueron los pintores orientalistas y los escritores románticos los primeros en tocar el tema de las danzarinas y odaliscas en la época moderna. Estos escritores fijaron una visión casi siempre irreal que se ha mantenido hasta nuestros días y que se refleja en obras como "Herodías" de Gustave Flaubert, "Salomé" de Óscar Wilde o "Amyntas" de André Gide. Fue precisamente el personaje de Salomé de Wilde el que inspiró para la actriz que la representaba en teatro un estilo de vestido que sería adoptado después por el Hollywood cinematográfico, que fijó en la sociedad su cliché de danzarinas glamurosas vestidas con sugerentes y vaporosos trajes.

En el Egipto del s. XIX las tradicionales actuaciones populares para hombres se adaptaron a las audiencias mixtas europeas, al mismo tiempo que cambiaban los tradicionales vestidos largos (el traje baladí) por amplias faldas y blusas.

De este modo, lo que empieza como una deformación de la realidad tanto en danzas como en vestimentas para satisfacer las expectativas "orientalistas", especialmente a partir de las exposiciones universales de Paris en 1889 y Chicago en 1893, y posteriormente en las actuaciones de music hall, acaba por tomar su propio rumbo.

En estos años de cambio de siglo, la férrea moral victoriana considera los movimientos realizados con la parte baja del torso inmorales y primitivos, y por tanto intolerables. Por todo ello, la danza del vientre acabará cargando con un estigma de poca honorabilidad del que todavía no ha acabado de desprenderse.

No es hasta época muy reciente (que situaríamos en los últimos 30-35 años) que este tipo de danza ha ido adquiriendo un valor por ella misma como creación artística personal e independiente. Hasta hace relativamente poco las bailarinas salían directamente del pueblo, no tenían escuela. Con la creciente profesionalización, sin embargo, fue creciendo también el nivel, la riqueza y la calidad de la danza, cuya categoría artística puede situarse sin duda a la altura de una pieza de ballet clásico, reflejando ambas el estilo, convenientemente depurado, del sentir popular.

El Cairo, que ha sido y es el centro mundial (y mítico) de la danza del vientre, siendo la calle Mohammed Ali su espina dorsal ya desde mediados del s. XIX, marca la historia y el devenir de esta danza en los últimos dos siglos. En 1957, en la época dorada de la danza en Egipto, las autoridades egipcias registraron 5000 profesionales de la danza, mientras que a finales del s. XX, debido a los problemas sociales y religiosos, su número descendió a menos de 400.

Desde que fueron promulgados a partir de los años 50 diversos decretos de buenas costumbres, se controlaba que en los clubs nocturnos se respetasen las normas en cuanto a vestimenta, ya que por ley el vientre debía estar tapado, aunque fuera sólo con tela transparente o red. En la actualidad, la siempre controvertida figura de la bailarina ha vuelto a descender en la escala de la aceptación social de la población egipcia.

Es especialmente remarcable la evolución efectuada durante el siglo XX y el papel destacado que han tenido países como Estados Unidos o Alemania en la fijación, desarrollo y reconocimiento de esta danza, como hemos visto en este capítulo. Es importante recordar que en los años 80 la danza del vientre vive un nuevo boom social, pero esta vez ligado no al escándalo sino al interés despertado entre todo tipo de mujeres por aprenderlo, lo que propició la multiplicación de las escuelas, festivales y encuentros internacionales.

Hacia la estructuración de una danza estándar

Las exigencias de divulgación de las obras musicales de los países árabes en un contexto occidental contribuyó a una adaptación que incluía un reajuste en la extensión temporal de las piezas interpretadas, que vieron reducida su duración media (la misma de las canciones y que puede ser de alrededor de 45 minutos por pieza) mediante la condensación de los tiempos y las estructuras para hacerlos más abarcables al oído mucho más compartimentado del hombre occidental. Este fenómeno ha ocurrido también en las piezas adaptadas para la danza, la ejecución de la cual exige una estructura que, sin ser excesivamente larga, permita incluir las características fundamentales de la danza.

Este nuevo modelo, llamado convencionalmente "de cabaret" puede mezclar pasos de la más variada raíz folklórica, y se sirve de acompañamientos especialmente creados para ella que, basados en canciones populares árabes, siguen el esquema de la danza en tres tiempos:

1- **Introducción**: de carácter rápido, se introducen los pasos básicos acompañando ritmo baladí.
2- **Parte central**: de tiempo mucho más extenso y de carácter lento, se trabajan los ritmos prolongados que corresponden a la improvisación instrumental o taqsim con flauta y laúd alternada con ritmo chiftetelli.
3- **Final**: se cierra el baile con una parte de baladí más dinámica.

Los distintos estilos

Estilos principales de la danza del vientre

Una danza tan extensamente bailada por fuerza acusará múltiples divergencias tanto de concepto como de ejecución, algunas de ellas sutiles y sólo apreciables por los especialistas, pero otras evidentes para el público más profano. Veamos a continuación los tres estilos principales en torno a los cuales se vertebran las actuaciones de las actuales bailarinas de danza del vientre.

Estilo egipcio

En el tradicional estilo egipcio, el más adecuado para introducirse en el espíritu de la danza del vientre, la entrada es dramática, con música con fuerte ritmo. La bailarina suelen llevar el velo aguantándolo con las dos manos. El estilo egipcio no hace división entre sus partes, más bien va pasando lentamente y en transición de un taqsim a un acento rápido y viceversa. El trabajo de suelo característico del estilo cabaret es sustituido por ondulaciones estáticas, a causa sobre todo de las costumbres y el gusto egipcios. En Egipto es habitual que la bailarina, antes de terminar su danza, se vista con un traje baladí y termine su actuación con una danza folklórica: assaya (del bastón), shamadan (del candelabro), melaya-lef o estilo saidi vistiendo la galabeya, o jaleyi. El velo lo arremolinan alrededor con simples movimientos y lo descartan tras 30 o 60 segundos tras efectuar la entrada, ya que no suele incorporarse demasiado a la danza.

Las bailarinas que saben usar los crótalos suelen utilizarlos, pero las que no saben tocarlos hacen que los músicos lo hagan por ellas. En este estilo sólo se usa música árabe, aunque sea orquestada o de estilo "moderno", con sonidos electrónicos y violines. La música egipcia creada para danza del vientre incluye tanto versiones instrumentales de canciones populares del pasado (las de Mohammed Abd-el-Wahab son especialmente indicadas) como nuevo material especialmente creado para la danza.

9. Arriba: Imagen de la célebre Matahari. Abajo: Little Egypt

En Egipto las grandes bailarinas suelen iniciar su actuación con una pieza especialmente compuesta para ellas. La bailarina se sumerge en la música y deja fluir los movimientos según lo que la música le hace sentir. La creación es propia del estilo egipcio, en el cual se tiende a realizar movimientos pequeños y delicados con la manos, exteriorizando los sentimientos que surgen del interior. Uno de sus movimientos característicos es el círculo amplio hecho con las caderas, durante el cual la bailarina se inclina de forma pronunciada hacia delante mientras realiza también un amplio movimiento de extensión de los brazos. Pese a conservar el espíritu, a lo largo del s. XX el ritmo de la danza ha evolucionado mucho, pasando de una mayor relajación a principios del siglo hacia una mayor tensión a finales del mismo.

Estilo tribal

Creado en los años 60 en San Francisco por la bailarina Jamila Salimpour y llamado también de fusión, es realizado por bailarinas que prefieren otorgar un aire étnico a la danza. Combina movimientos de danza históricos, diversas selecciones musicales y de vestuario e incorpora ideas modernas que le confieren una nueva entidad. Existe una gran variedad entre las formas presentadas por un profesor o grupo u otro (ya que suele bailarse en grupo). La mezcla de culturas se nota también en el vestuario. No suelen estar coreografiadas, lo que permite a las bailarinas expresar los sentimientos que la música les inspira. Algunas bailarinas llevan velo, otras no. Los velos son de tejidos naturales, sobre todo seda. Este estilo también mezcla músicas árabes con otras de medio oriente, aunque escoge canciones con arreglos musicales simples basados en instrumentos tradicionales, como el oud y la darbuka, o el qanun y la darbuka. Tiende a escoger canciones de más de 50 años o canciones tradicionales. Pueden incorporar la karsilama o la debka.

Los movimientos consisten generalmente en series de pasos folklóricos de diversas áreas culturales: pasos tunecinos, movimientos saidi del Alto Egipto, pasos de debka y algunos elementos de danza folklórica turca. En el estilo fusión tribal los movimientos de cadera y las ondulaciones de estómago son normalmente amplias y manifiestas. Aunque también tienden a tomar poses características de las bailarinas del estilo cabaret.

En los últimos tiempos suele denominarse tribal a un estilo creado expresamente para un entorno teatral y de espectáculo, extremadamente llamativo por los atuendos, tatuajes y adornos que lucen las bailarinas.

Estilo cabaret o americano

Estandarizado en la década de los 60 en norteamérica (en oposición al estilo "étnico") este estilo combina influencias de Turquía, Egipto, norte de África, Persia y otros países de Oriente Medio aderezados con toques surgidos de Hollywood, dejando una gran libertad a la creación personal. Incorpora innovaciones surgidas en América, como el trabajo con velo, el balanceo de la espada y la danza con palo en momentos puntuales. En él suelen utilizarse instrumentos electrónicos. Consta de siete partes:

1- Entrada. Puede ser rápida o o de ritmo medio. La bailarina suele presentarse cubierta con el velo alrededor de su cuerpo.
2- Música lenta y fluida. La bailarina se quita el velo y lo usa como marco para su danza hasta que lo desecha.
3- Canción rápida para acelerar el paso.
4- Trabajo de suelo, ondulaciones estáticas o balanceo de espada o bandeja. Música muy lenta, usualmente de ritmo libre con un taqsim instrumental.
5- Pieza rápida para acelerar el paso.
6- Solo de percusión
7- Final corto y rápido. Puede ser karsilama o un rápido 4/4.

El velo cubre completamente el torso de la bailarina, que eventualmente se lo quita mientras baila un pasaje lento. El trabajo de velo dura unos tres minutos y raramente la bailarina lo conserva hasta el final del baile. El estilo americano ha incorporado el "doble velo", que consta de dos velos semicirculares.

La bailarina utiliza los crótalos en los tiempos medios y rápidos, a veces incluso en los lentos. Se llevan en ocasiones para demostrar la profesionalidad y marcar las distancias con bailarinas amateurs. El hecho de que en Egipto no se tenga especial predilección por usarlo ha llevado a algunas bailarinas americanas a no usarlos tampoco incluso al bailar en estilo americano.

En el estilo cabaret pueden mezclarse músicas de diversas nacionalidades: turcas, árabes, griegas, armenias, israelíes, etc. e incluso mezclar fragmentos new age o de bandas sonoras de películas.

Los movimientos son extraídos del repertorio de diversos estilos del Medio Oriente tanto como de aportaciones propias de la bailarina. Incorpora además movimientos que no están basados en la tradición oriental, como los pasos *bourrée*, poses de ballet, movimientos de flamenco, salsa e incluso amplios y espectaculares movimientos de brazos y piernas.

Normalmente insertan estos movimientos para dar a la danza un carácter más dramático y teatral. La bailarina puede también añadir movimientos (shimmies) que la interpretación de la música no requiere, simplemente para resaltar su pericia.

Samia Gamal, diva en Egipto... y en Hollywood

Bailar la Danza del Vientre

Segunda parte

LOS COMPONENTES DE LA DANZA

Tahia Carioca bailando el estilo egipcio

La música

La música es el componente inherente e inseparable a la danza, existiendo unas estrechas relaciones en la evolución estilística de ambas artes. Por eso, para entender la danza del vientre, es imprescindible también entender su música.

Antes de empezar el análisis de los componentes de la danza propiamente dicha (sus diversos pasos, sus movimientos) introduciremos algunas nociones sobre las músicas que la inspiran y la acompañan y que sin duda nos servirán para asimilarlas mejor mientras nos adentramos en sus particulares ritmos, cadencias y espíritu.

Estilos musicales: música folklórica y música culta

Una vez rastreados los orígenes de la danza del vientre vamos a analizar su estructura mientras seguimos la evolución de la música a lo largo de los países árabes.

El paralelismo que se establece entre música y danza se evidencia tanto es sus estructuras rítmicas básicas como en el estilo ornamental, que ambas han ido adquiriendo a lo largo de la historia y de las sucesivas influencias culturales recibidas. Han sido los diferentes pueblos que han actuado sobre el antiquísimo substrato primero los que han ido modelando la forma actual de la danza del vientre. Decía el maestro egipcio Fathy Andrawis que esta danza debía poseer la elegancia y grandiosidad faraónicas, la rotundidad africana y el refinamiento y la sensualidad de la herencia turca. Y ése es tan sólo un ejemplo de la complejidad interna de la danza del vientre.

Recordemos, para diferenciar el aspecto folklórico y el aspecto artístico, que a lo largo de la historia de esta danza, que varía enormemente de un país a otro y que naturalmente ha seguido un proceso evolutivo a lo largo de los siglos, se ha dado en dos tipos de escenarios: el culto y el popular; el palacio y la calle. A pesar de las reticencias culturales y religiosas, la danza del vientre puede ser considerada hoy en día la danza clásica del mundo árabe, dado que conjuga y estiliza los estilos musicales y los movimientos de cada uno de los pueblos de los cuales ha bebido. Esta danza, íntima e indisociablemente ligada a su música, se diferencia de la danza clásica occidental en que sus principales movimientos tienen un origen étnico perfectamente definible, es decir, provienen de los movimientos efectuados por mujeres y hombres en las celebraciones populares, dejando constancia de que son fruto de un sentido del ritmo y del movimiento que provienen no de la razón sino del sentimiento.

La danza del vientre tal como se da en la actualidad es una danza que se encuentra a medio camino entre el folklore (la tradición) y la creación individual. Exactamente igual que la música clásica árabe, porque, si por un lado posee una estructura básica definida que permanece siempre constante, hay en ella –al igual que en las estructuras musicales que la acompañan- un componente importante de improvisación que ofrece a la bailarina, igual que al músico, una amplia libertad para realizar sus improvisaciones, sus movimientos (estáticos o evolutivos, dependiendo del momento musical en que se encuentra) en un extraordinario equilibrio entre regla y libertad, sujeción al conjunto y creatividad personal. Es a través de estos momentos de improvisación que se pueden exteriorizar todas las cualidades expresivas y llegar a aquella exquisitez artística a la que llegan las grandes bailarinas.

La expansión del islam propició una permanente interacción a los largo de diez siglos entre los países árabes, el Asia central, la Europa medieval y el norte de África que desembocó en unos lenguajes llenos de riqueza y variedad.

El **repertorio clásico** de la música árabe se remonta a la nuba (o nawba) del siglo VIII procedente del Bagdad abasí. Recordemos que el ideal estético de la música para Al-Farabi (místico platónico del s. X, maestro de Avicena o Ibn Sina) era que *"provoque una sensación agradable, deliciosa, sedante; excite la imaginación y haga nacer imágenes en el alma, y exprese las pasiones, liberando de ellas o haciéndolas revivir"*.

Fue el misticismo islámico el responsable, gracias a fundamentalmente a Al-Gazali (s. XII) y a Al-Rumi (S.XIII), de que la música y la danza adquirieran respetabilidad, ya que para los místicos la música y la danza son un medio para lograr un estado emocional que precede a la inspiración y al éxtasis.

Esta base se enriqueció a lo largo de los siglos con contribuciones persas, kurdas, grecobizantinas, armenias, turcas, indias y balcánicas. Los diferentes nombres que este género recibe en diversos países (*fasil* en Turquía, *wasla* en Siria y Egipto, *maqam* en Iraq, *radif* en Iran, *raga* en India, etc.) no hacen sino corroborar su universalidad. Uno de los trazos fundamentales de esta música de carácter modal es su tradición oral (ausencia de grafía musical), que favorece la improvisación sobre diversos ciclos rítmicos y melódicos que estructuran la composición. El hecho de que se utilicen tanto textos poéticos literarios (en qasidas y moaxajas) como textos populares en lengua dialectal (en los zéjeles), encabalgando lo sagrado y lo profano, es signo de lo próxima que esta música se encuentra de lo cotidiano. Su unidad sustancial queda enriquecida debido al extenso ámbito geográfico que abarca, con unas diferencia de forma y ejecución que dictan la tradición local y el genio popular de cada región, que sigue vivo aún en las manifestaciones de celebración más modestas, pero ligadas plenamente al devenir de la vida, desde el nacimiento hasta la muerte. Las canciones, las danzas, no se transmiten oficialmente (no se enseñan en las escuelas) sino que pasan a las nuevas generaciones en reuniones familiares y comunitarias, en un aprendizaje esencialmente vivo. De esta manera, puede considerarse que es la tradición popular (rural y urbana) la que mantiene viva esta antigua y clásica tradición culta, estableciendo un nexo sutil entre dos mundos en apariencia distantes.

Los instrumentos musicales: relación con la danza

Veamos a continuación los principales instrumentos que pueden integrar un conjunto básico de interpretación de música árabe. Evidentemente, las distintas tradiciones locales integrarán en el conjunto unos u otros, con lo que es prácticamente imposible encontrarlos todos juntos en la misma formación. La evolución y adaptación que ha seguido la música en el siglo XX ha hecho que los grupos tradicionales, por ejemplo, pasasen de 5 a 8 músicos en los años 30 y llegaran hasta 19 en los años 70.

A continuación señalamos los principales instrumentos con los que debemos familiarizarnos para saber cuándo están indicados de forma especial para determinados movimientos de la danza. A partir de ahí podremos ir ahondando más en el rico mundo musical en el que se sumerge la danza del vientre.

Darbuka Es el tambor más popular del mundo árabe, utilizado tanto en música clásica como popular, y es preponderante en la música de la danza del vientre. Su ritmo marca los movimientos más contundentes y rápidos, principalmente de caderas y pecho. También los hombros.

Nay. Flauta de caña de sonoridad dulce y cálida. Los movimientos más sutiles, lentos y sinuosos de brazos y manos, cabeza, tronco. Se acompañan generalmente del velo. Ideal para las improvisaciones.

Oud. Con él se realizan improvisaciones largas o taqsim en las que se realizan lentos movimientos de tronco y brazos, a veces acompañados de velo.

Qanun. Instrumento clásico de cuerda que puede tener de 72 cuerdas (en Egipto) a 90 (en Siria) dispuestas de tres en tres. Los solos de qanun, también improvisados, dan pie en la danza a movimientos muy trabajados y elaborados en los que la vibración del cuerpo hace acto de presencia. Los movimietnos deben ser contenidos (el cuerpo debe estar firme mientras vibra). Dominar un solo de qanun puede darnos una idea de la talla de la bailarina. El qanun es utilizado sobre todo en el Mashreq, Siria principalmente.

Rabab. Instrumento en forma de barca, de dos cuerdas, importantísimo en la música popular egipcia y en la andalusí del Magreb.

Los ritmos básicos

Veamos ahora los principales ritmos de la música árabe, muchos de los cuales son comunes tanto a la danza como al canto. Evidentemente, antes de aventurarnos a tocarlos siguiendo estos esquemas (pensados como guía para las personas que no conocen la grafía musical) es importante, si no imprescindible, tratar de reconocer los ritmos en las grabaciones de música que tengamos a mano. Una vez reconocido el ritmo por el oído podemos intentar reproducirlo. Primero lo haremos acompañando la música, y luego nosotros solos. Fijémonos sobre todo en los ritmos, las cadencias y los acentos.

Convencionalmente, se usa la palabra onomatopéyica **DUM** para significar un golpe de percusión seco, grave y profundo, y la palabra **tek** para un golpe más agudo y sonoro. Solemos encontrar también la letra *a* acompañando normalmente a uno o varios *tek*: se trata en este caso de un enlace con el mismo sonido que el *tek*.

La combinación de **tek** y *a* facilita el cantar el ritmo.

Cuando escuchemos la música marcaremos primero (cantándolos) los DUM y luego intentaremos marcar también los tek. Esta práctica de cantar los ritmos nos habituará a reconocerlos y así podremos reproducirlos después más fácilmente.

A grosso modo distinguiremos entre ritmos populares o folklóricos y ritmos cultos. Entre los primeros tenemos a los derivados del maqsum, y entre los segundos, a los derivados del masmudi.

En la transcripción de los ritmos
los acentos se significan con negrita

RITMOS 2/4

Ayyub 2/4

Es el ritmo simple más común. Es un ritmo rápido que se usa en danza para acelerar el tempo de una actuación, aunque suele ejecutarse durante un tiempo más bien corto. Se usa en forma lenta en Egipto para la danza de trance llamada *zar*, nombre que también adopta el ritmo (ver *zar* más adelante)

DUM - tek **DUM**
DUM - tek **DUM** – tek (variante con enlace)

Fallahi 2/4

El fallahi (o ritmo campesino) es igual que el maqsum, pero tocado en 2/4 y más rápido. Se usa mucho en danza y es muy común en el Delta y en el Alto Egipto.

DUM tek - tek **DUM** - tek –

Karachi 2/4

Se usa en la música egipcia y en el norte de África.

Tek - **DUM** - **DUM**

Malfuf 2/4

Suele usarse en entradas y salidas de escena. Es un ritmo continuado que termina con parada.

DUM - tek - tek -

Saudi 2/4 (jaleyi o arabi)

Ritmo característico de la península Arábiga y la zona del Golfo Pérsico. Es un ritmo que acusa la influencia de África.

DUM - **DUM** - tek -

Zar 2/4

Ritmo usado en la danza ritual del zar. En danza del vientre puede usarse también para realizar una larga sesión de vueltas con ritmo en aumento, por ejemplo. El efecto es hipnótico, pues se trata de una danza de trance.

DUM - tek - DUM -

RITMOS 4/4

Baladí o **Masmudi saguir** 4/4

Es la versión más folklórica o popular del maqsum. También llamado masmudi saguir o pequeño (tiene la frase y el acento del masmudi, pero se toca en 4 tiempos en lugar de 8), se caracteriza por los dos DUM al inicio de la frase. El baladí suele tocarse más lentamente que el maqsum.

DUM - DUM - _ **- tek - DUM -** _ **- tek -** _ (forma básica)
DUM - DUM - tek **- tek - DUM -** tek **- tek -** _
DUM - DUM - tek a **tek - DUM -** tek a **tek -** / tek a (variación con enlace)

Maqsum 4/4

El maqsum es la base de muchos otros ritmos y es especialmene importante en el folklore egipcio. En Egipto se llama *wahida wa nisf* (o *wahda u nus*), uno y medio.

DUM - tek - _ **- tek - DUM -** _ **- tek -** _ (forma básica)
DUM - tek - _ - a **tek DUM -** _ - a **tek -** / tek a (variación con puente o enlace)

Saidi 4/4

También es de la familia del maqsum y se toca en el Alto Egipto. Es parecido al baladí, pero se toca generalmente más lento. Se caracteriza por los dos DUM en el centro de la frase. Popular entre las gawazi, se una en la danza del bastón.

DUM - tek _ **DUM - DUM -** tek _
DUM tek a tek **DUM DUM** tek tek
DUM DUM tek **DUM DUM** tek tek _ / (variante)

Zaffa 4/4

Ritmo usado en las procesiones de boda egipcias que se toca de forma casi exclusivamente musical.

DUM - tek a - **tek** - **tek** - **DUM** - tek - tek - _

RITMOS 8/4

Chiftetelli 8/4

Ritmo de origen turco que acompaña el canto y la danza.

DUM - _ - **tek** - _ - **tek** - **DUM** - **DUM** - **tek** - _ (forma básica)
DUM - tek **tek** - tek **tek** - **DUM** - **DUM** – **tek** - _
DUM -tek a tek a **tek** - tek a tek a **tek** - tek a **DUM** - tek a **DUM** - tek a **tek** - / tek tek (variación con enlace)

Masmudi 8/4

Se llama también masmudi kabir o grande para diferenciarlo del masmudi saguir o pequeño. Este ritmo, que suele ser muy rápido, se usó en las muwashahat y es muy común en la danza del vientre. Tiene una base más artística que el maqsum, que se basa normalmente en canciones folklóricas.

DUM - **DUM** - _ - **tek** - **DUM** - _ - **tek** - **tek** - (forma básica)
DUM - DUM - DUM - tek - DUM - tek - tek
DUM - **DUM** - _ - tek a tek a **tek** - tek a **DUM** - tek a tek a **tek** - tek a tek a **tek** - tek a-

RITMO 9/8

Karsilama 9/8

Es un ritmo muy popular en Turquía y Grecia y se usa mucho en danza del vientre.

DUM - _ - **tek** - _ - **DUM** - _ - **tek** - **tek** - **tek** – (forma básica)
DUM - tek a **tek** - tek a **DUM** - tek a tek a **tek** - **tek** -

Hasta aquí hemos visto los distintos ritmos básicos y algunas de sus variaciones. De todas formas, las variaciones para cada ritmo son numerosas, existiendo además ritmos más complejos de los que no hablaremos aquí. Para bailar la danza del vientre lo que nos interesa es conocer a fondo los ritmos básicos para reconocerlos en cualquier música que nos interese bailar para poderla interpretar correctamente.

Si estamos realmente interesados en la percusión, lo mejor es que asistamos a clase con algún buen músico. Si sólo queremos tener un complemento que nos ayude a entender más profundamente la danza, tan sólo un consejo: centrémonos primero en el estudio de uno o dos ritmos y perfeccionémoslos hasta que seamos capaces de tocarlos con claridad y precisión y de ornamentar sus formas básicas de manera apropiada.

Escuchar es la mejor manera de aprender e interiorizar el pulso y la cadencia de los distintos ritmos. Una vez seamos capaces de saborear el ritmo sin pensar en él, ya estaremos preparadas para interpretarlo, esto es, para bailarlo.

Un método muy eficaz de entrenamiento es el llamado "duelo" entre músico y bailarina. Se tejen complicidades imperceptibles gracias a la intensa comunicación que se puede llegar a establecer entre ambos.

Nociones básicas para tocar la darbuka

10. Rachida nos muestra la forma de tocar la darbuka y la colocación del cuerpo.

*Si somos diestros, nos la colocaremos en el lado izquierdo.
Los zurdos, en el lado derecho.*

Una vez hayamos practicado el escuchar canciones y ritmos árabes y sepamos reconocer algunos de los explicados anteriormente, podemos aventurarnos a probar de reproducirlos percutiendo con las manos algún instrumento (o cualquier cosa que tengamos a mano: botella vacía, mesa...). Ello nos ayudará a entender la música desde dentro y nos ayudará al mismo tiempo a entender el ritmo y la cadencia de la danza del vientre.

Nosotros hemos escogido la darbuka por ser el instrumento de percusión más extendido, pero podemos probar con cualquier otro. Sólo hay que tener en cuenta lo siguiente:

DUM se refiere a un golpe grave y profundo realizado con la palma de la mano derecha ligeramente ahuecada para que tenga mayor resonancia sobre el centro o el tercio medio de la superficie (ver dibujo en página 54)

tek   golpe agudo y limpio realizado, con la mano derecha, por el dedo corazón (pueden encadenarse el índice, corazón y anular en los ritmos más rápidos y en acompañamientos más complicados) en el tercio exterior de la superficie o en el borde de la darbuka.

a   golpe normalmente de enlace. Es igual al tek pero se realiza con la mano izquierda. Esto permite encadenar cuantos golpes sean necesarios según el ritmo escogido.

-   equivale a una pausa después de la nota (del golpe).

_   equivale a un tiempo, en el que no se toca ninguna nota.

Evidentemente, lo que hacemos aquí es dar unas nociones básicas (diríamos casi "de supervivencia") para poder manejarnos mínimamente con la percusión. Pero el lenguaje de la percusión es extraordinariamente rico (golpes de todo tipo, rasgados, etc.) y nos sorprenderíamos de ver la infinidad de variaciones, colores y timbres que pueden conseguirse utilizando dedos y manos sobre una darbuka.

Atención: hay que tocar la darbuka sin anillos en los dedos ni pulseras y con las uñas cortas, ya que podrían dañar el instrumento.

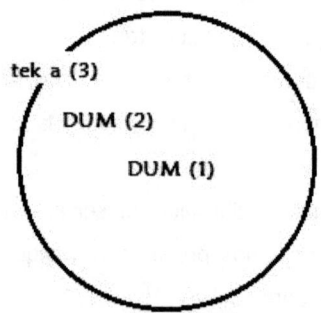

Zonas de percusión de la darbuka:
1 centro, 2 tercio medio, 3 tercio exterior

> *Hay que aprender a escuchar y entender los ritmos para poder reproducirlos e interpretarlos con nuestros movimientos*

Los movimientos

Vocabulario básico

Balanceo como su nombre indica, se refiere al balanceo o movimiento pendular de las caderas.

Eses la descripción de este movimiento es muy gráfica; se refiere a los movimientos del tronco con efecto visual de S originados por algunos de los movimientos de caderas. También pueden realizarse con la parte superior del tronco.

Ochos se conoce con el nombre de ochos a los movimientos que se realizan con la cabeza, el pecho, el tronco o las caderas (también las manos) y que se representa esquemáticamente con la forma de un ocho recostado, ya sea perpendicular al suelo o bien paralelo al mismo.

Ondulaciones llamamos ondulaciones al movimiento realizado por el vientre, brazos, o cualquier otra parte del cuerpo con efecto de olas.

Shimmies característico movimiento vibratorio realizado con el pecho, el vientre o las caderas.

La mayoría de movimientos de la danza del vientre, como el balanceo de las caderas, las ondulaciones y las figuras de ochos, son comunes a los distintos estilos de danza. La diferencia reside sobre todo en la forma en que se ejecutan los enlaces entre ellos y el grado de estaticidad o desplazamiento de la bailarina durante la ejecución de la danza. Hay, naturalmente, pasos que son más específicos de un estilo, como hemos visto en el capítulo 2.

Para aprender los distintos movimientos, empezaremos lentamente, dedicando 4 tiempos a cada paso para entender el proceso del mismo. Puede ocurrir, como a mí me ocurrió, que resulte más fácil aprender algunos movimientos, como los shimmies, con ritmo rápido. Eso es debido a que están basados en movimientos reflejos naturales del cuerpo y por tanto se consigue dominarlos dirigiendo el cuerpo pero a la vez dejándolo completamente libre. Cuando dominemos (o mejor dicho entendamos) el mecanismo de los movimientos podemos pasar a 2 tiempos por paso y luego a paso por tiempo. Es posible que nos sintamos más cómodas o incluso nos sea más fácil realizar un paso por cada tiempo musical (es decir, en un ritmo de 4/4, realizaremos 4 pasos), ya que como hemos dicho son normalmente movimientos naturales que el cuerpo a veces asimila más rápidamente que la cabeza. Por esta razón puede incluso ocurrirnos que nos salgan mejor los pasos cuando los ejecutamos de forma intuitiva que cuando los estamos pensando y analizando milimétricamente. Para el aprendizaje nos amoldaremos, por tanto, al ritmo de ejecución en el que nos encontremos más cómodas.

Debemos recordar que lo que perseguimos es el adiestramiento de los músculos de forma que nos permitan ejecutar adecuadamente cada uno de los movimientos. Y no nos cansaremos de repetir que debemos ser pacientes con nuestro propio cuerpo, ya que poco a poco, al irnos entrenando, los movimientos irán saliendo cada vez mejor. Serán menos pensados y más reflejos.

> *Se aprende a bailar la danza del vientre*
>
> *ANDANDO al ritmo de la música*

Antes de empezar los pasos

Si tenemos que aprender nosotras solas es imprescindible disponer de un espejo en el que podamos vernos reflejadas de cuerpo entero. Esto nos ayudará a conseguir las posturas correctas, a corregirlas y a perfeccionar los movimientos. También debemos olvidar nuestro concepto occidental de danza, mucho más rígido, ya que las danzas occidentales están mucho más mecanizadas y rara vez permiten expresar el sentimiento de forma espontánea; en cierto sentido, el sentimiento queda separado del cuerpo, son danzas mucho más mentales. En el foflklore primitivo, por ejemplo, el movimiento pélvico y las ondulaciones del vientre no responden tanto a sensaciones de placer como a representaciones simbólicas de la vida y unidad con la naturaleza, y en este sentido son considerados tan naturales como cualquier otro, siempre abandonados totalmente a los pulsos de los tambores que los acompañan.

Además del espejo, nos procuraremos un traje cómodo, que no nos apriete y que nos permita observar bien nuestros movimientos. Es aconsejable que podamos ver la cintura, por lo que desecharemos la utilización de camisetas anchas y largas. El atuendo ideal sería una camiseta corta ajustada o anudada bajo el pecho, unos leotardos de cintura baja y un gran pañuelo anudado a la cadera. Los principales puntos a controlar son: hombros, vientre, caderas y rodillas.

Antes de empezar a aprender el baile realizaremos unos sencillos ejercicios de calentamiento que nos servirán tambien para la "puesta a punto" de nuestro cuerpo, para desentumecerlo, estirarlo y prepararlo para expresarse de la forma más natural posible. Recordemos que la danza del vientre se basa en movimientos naturales, de modo que cuando hagamos los ejercicios y los pasos o tengamos alguna duda pensaremos en cuál es la forma natural de mover el cuerpo y seguro que no nos equivocaremos.

Con esta danza tonificaremos los músculos, corregiremos nuestra postura, nuestros movimientos serán más equilibrados y graciosos, y a la vez incrementaremos nuestra resistencia muscular y reduciremos nuestro contorno. Una perspectiva la mar de alentadora, sobre todo teniendo en cuenta que además disfrutaremos mucho.

> *No hay que olvidar el calentamiento
> de músculos y articulaciones. Son la garantía
> del buen funcionamiento de nuestro cuerpo*

11. Posición de partida para realizar los ejercicios

Ejercicios de calentamiento

La posición estática de partida para realizar los diversos ejercicios será de pie, con los pies paralelos separados de 10 a 15 cm, los brazos caídos y junto al cuerpo, y la cabeza mirando al frente. Salvo indicación contraria, podemos realizar cada ejercicio 8 veces.

Cabeza

1- Giro de cabeza a derecha y a izquierda: la nariz será el vértice que girará 90º hasta situarse en la misma linea del hombro y luego 180º hasta situarse en la línea del hombro contrario.

12. Giro de cabeza sobre el hombro

2- Desplazamiento de cabeza a derecha y a izquierda (esta vez pensaremos que los ojos forman junto con las orejas una línea horizontal que moveremos, sin que se incline ninguno de sus extremos, hacia la derecha y luego hacia la izquierda en movimientos alternativos)

13. El eje se desplaza paralelo al suelo: correcto

14. El eje varía su dirección: incorrecto

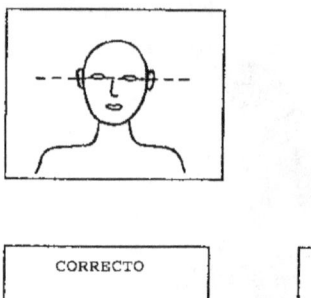
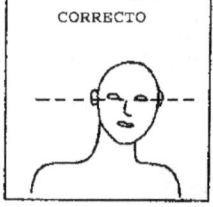
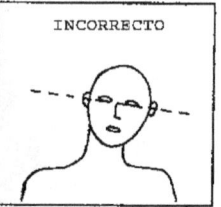

15. Eje horizontal imaginario para el desplazamiento correcto de la cabeza

3- Descenso lateral de cabeza hacia el hombro derecho y hacia el hombro izquierdo alternativamente, forzando como si quisiéramos que la oreja tocara el hombro. Es un ejercicio para los músculos laterales del cuello y las cervicales (foto 16)

16. Descenso lateral de cabeza

4- Cabeza hacia delante y hacia atrás. Es un ejercicio de cervicales (fotos 17 y 18)

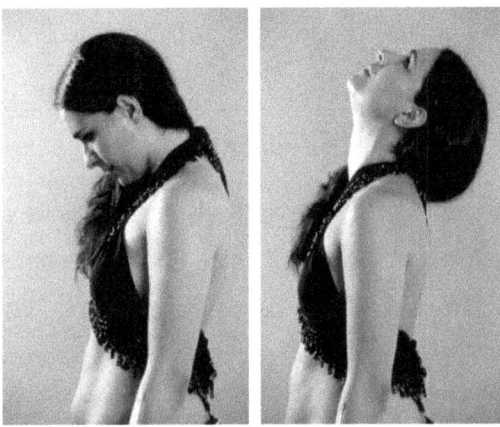

17 y 18. Dos momentos en la realización del ejercicio

5- Desplazamiento hacia delante y hacia atrás (fotos 19 y 20)

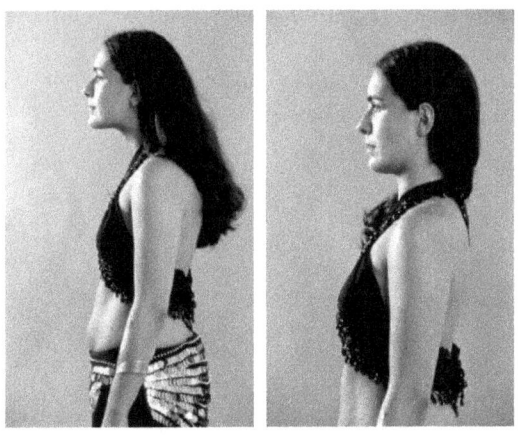

19 y 20. Dos momentos en la realización del ejercicio

6- Rotación de cabeza, alternativamente hacia la derecha y hacia la izquierda (abajo, a la derecha, atrás y a la izquierda varias veces; luego abajo, a la izquierda, atrás y a la derecha varias veces). Es una combinación de los ejercicios 3 y 4.

7- Círculo con la cabeza, manteniendo la línea imaginaria nariz-orejas perfectamente horizontal y sin inclinar. Imaginaremos que dibujamos un círculo plano paralelo al suelo con la nariz: delante, a la derecha, atrás y a la izquierda. Lo haremos a partir del ejercicio 2.

Advertencia

Si tenemos problemas de cervicales llegaremos sólo y sin forzar hasta donde el cuerpo nos permita. En caso de notar alguna molestia al realizar alguno de los ejercicios o movimientos, consultaremos con un especialista antes de proseguir

---

Hombros

8- Hombros arriba y abajo, primero los dos hombros a la vez (8 veces) y luego alternándolos (8 veces). Cuando van hacia arriba procuraremos que lleguen a las orejas.

21. Ejercicio con los dos hombros juntos   *22. Ejercicio alternando los hombros*

9- Hombros adelante y atrás, los dos a la vez (8 veces).

23 y 24. Dos momentos en la realización del ejercicio 9

10- Hombros haciendo círculos hacia atrás en cuatro tiempos: adelante, arriba, atrás y abajo, cuanto más amplios mejor. Luego repetiremos con círculos hacia delante: atrás, arriba, adelante y abajo. (8 veces cada uno). Es una combinación de los ejercicios 8 y 9.

Brazos

11- Brazos en alto, paralelos, estiraremos alternativamente derecho e izquierdo, cinco segundos cada uno. Repetiremos 4 veces.

25 y 26. Realización de los ejercicios 11 y 12

12- Brazos en alto, llevaremos alternativamente el tronco hacia la derecha y hacia la izquierda. Para forzar más, bajaremos totalmente el brazo derecho cuando llevemos el tronco hacia la derecha (manteniendo el izquierdo en alto), y bajaremos el izquierdo cuando llevemos el tronco hacia la izquierda (manteniendo el derecho en alto).

Brazos y pecho

13- Manos juntas frente al pecho y brazos en ángulo recto con las manos. Apretaremos ambas manos a intervalos de 8 segundos, varias veces.

27 y 28. Realización de los ejercicios 13 y 14

14- En la posición anterior, subiremos las manos por encima de la cabeza, mientras seguimos apretando. Luego bajaremos a la posición inicial.

Manos

Para conseguir el bello movimiento de las manos también tendremos que hacer una serie de ejercicios previos que nos darán movilidad y elasticidad a manos y dedos.

15- Colocaremos las palmas de las manos juntas en posición vertical frente al pecho (como en la imagen 29). En movimientos alternativos intentaremos separar las palmas todo lo que podamos, pero manteniendo los dedos completamente juntos. Notaremos cómo se fuerzan los dedos. Después relajaremos las manos. A continuación haremos lo mismo pero con las manos en posición horizontal (ver imagen 30).

29 y 30. Realización del ejercicio 15 y su variación

31 y 32. Dos momentos en la realización del ejercicio 16

16- Hacer olas con las palmas de las manos y los dedos sin mover la muñeca. La transición de los movimientos debe ser suave y sinuosa.
17- Rotación de muñecas con los puños cerrados. 8 hacia fuera y 8 hacia dentro. Después haremos la rotación con las manos abiertas, dejando los dedos libres.
18- Llevaremos las palmas hacia delante y hacia atrás alternativamente.
19- Haremos una combinación de los movimientos 16 y 17.

33. Realización del ejercicio 18

Torso

Ahora colocaremos las manos en las caderas

20- Haremos círculos con el pecho (la caja torácica): adelante, a la derecha, atrás, a la izquierda, y así sucesivamente. Éste es un movimiento difícil, pues casi no lo notamos visualmente, ya que hemos de procurar que la cintura no se mueva. Notaremos tan sólo el esfuerzo de los músculos. No hay que confundir este movimiento con el que realizaremos después.

21- Haremos círculos con todo el torso, es decir, el movimiento empezará en la misma cintura. Veremos que los círculos son mucho más amplios que en el ejercicio anterior.

34, 35, 36 y 37. Cuatro momentos en la realización del ejercicio 21: hacia delante, a la derecha, hacia atrás y a la izquierda

22- Haremos un ocho con el torso (se dice así porque parece que estamos dibujando un ocho con el cuerpo). Pensemos en los pechos como en dos centros: deberemos dibujar un semicírculo imaginario con el pecho derecho desde delante hacia la derecha y hacia atrás; en esta posición empezaremos a dibujar el semicírculo con el pecho izquierdo hacia delante, a la izquierda y hacia atrás, y enlazaremos con un nuevo círculo con el pecho de la derecha. Y así sucesivamente. Procuraremos mantener la horizontalidad, es decir, no subiremos ni bajaremos los pechos o los hombros al realizar este movimiento.

Atención: los hombros no hacen ninguna fuerza, deben permanecer inmóviles.

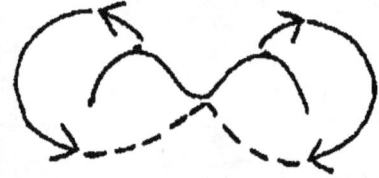

38. Esquema para realizar los ochos de pecho

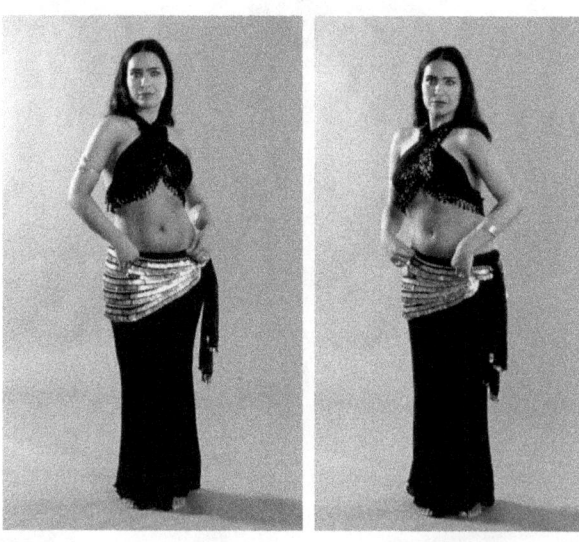

39 y 40. Dos momentos en la realización del ocho de torso

Vientre

23- La forma más sencilla de empezar a trabajar el vientre es imaginar que nos tiran del ombligo y luego nosotros tiramos de él. Intentaremos mover el resto del torso lo mínimo posible. Si no lo movemos, mucho mejor.

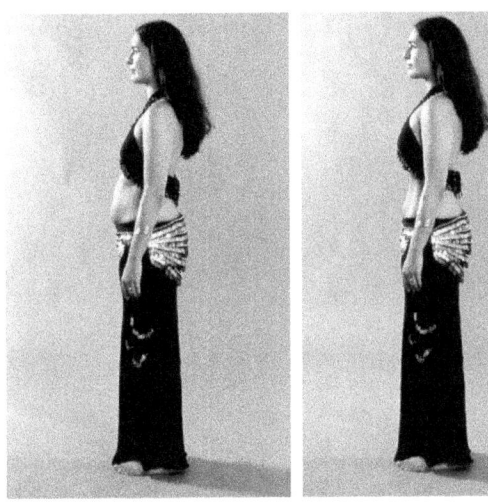

41 y 42. Dos momentos en la realización del trabajo de vientre

24- La respiración profunda con el diafragma (ya sea lenta o rápida) nos ayudará en esta labor. Para respirar por el diafragma, empezaremos la aspiración lentamente desde la parte baja del estómago y, a medida que vayamos llenando los pulmones, se hinchará nuestra caja torácica. Al espirar, empezaremos vaciando la parte alta de los pulmones y acabaremos apretando los músculos del estómago y del vientre para terminar de vaciar los pulmones. Realizar este tipo de respiración (por otro lado tan beneficiosa para nuestra salud) nos ayudará a controlar los músculos del estómago.

Caderas

25- Con las piernas un poco separadas haremos círculos grandes con las caderas: 8 hacia la derecha y 8 hacia la izquierda. El movimiento de las caderas nos obligará a mover el torso, que se inclinará en sentido contrario a la cadera. Pero cuidado: no es el torso el que se mueve; tan sólo es arrastrado por la cadera.

43, 44, 45 y 46. Cuatro momentos en la realización de un círculo de caderas: hacia delante, a la derecha, hacia atrás y a la izquierda. (Atención a la postura incorrecta de los dedos del pie en la imagen 45: es un error muy frecuente)

26- Con las piernas ligeramente separadas, llevar alternativamente la pelvis hacia delante y hacia atrás (8 veces); empujar sólo hacia delante (8 veces); empujar sólo hacia atrás (8 veces).

47 y 48. Dos momentos en la realización del ejercicio 26

Ejercicios para trabajar en el suelo

27- Echar el cuerpo hacia atrás y volver a la posición de rodillas. Cogeremos resistencia en muslos, vientre, espalda y nalgas.

49. Realización del ejercicio 27

28- Estando de rodillas, nos sentaremos alternativamente sobre el muslo derecho y sobre el muslo izquierdo. Pondremos especial atención en hacerlo suavemente, sin brusquedades y manteniendo el torso y la cabeza bien erguidos.

50. Realización del ejercicio 28

El centro del cuerpo

La llamamos danza del vientre porque el centro absoluto del cuerpo es precisamente el vientre. De todas formas, los distintos estilos (folklóricos, modernos) suelen trasladar el acento expresivo hacia la parte baja, las caderas, o hacia la parte alta, el tronco. Dependiendo de ello, la danza tendrá connotaciones más sexuales o más espirituales, respectivamente. El tronco es el eje vertical alrededor del cual tejemos la expresión por medio de los movimientos.

Las partes del cuerpo que definen los distintos movimientos

Veamos en el siguiente esquema las partes del cuerpo del eje vertical de la bailarina que se trabajan independientemente. La destreza y definición de los movimientos marcará la calidad técnica de la bailarina. No resulta fácil la maestría, pero todo es cuestión de práctica y adiestramiento de la musculatura local.

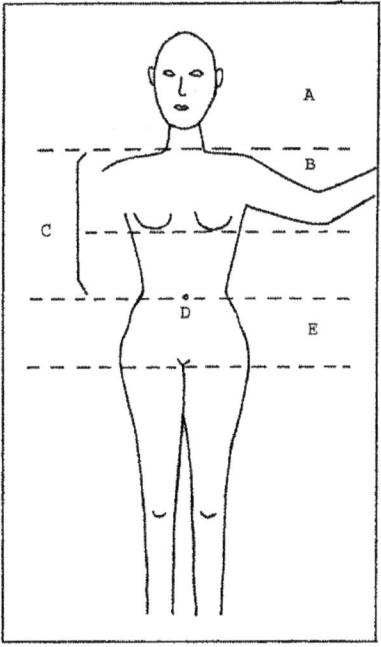

51. Las partes del cuerpo en la danza del vientre
Cabeza (A), pecho/hombros (B), torso (C), vientre (D), caderas (E)

Postura de partida. La colocación del cuerpo

Una de las cosas más importantes en la danza del vientre es saber colocarse, saber distribuir equilibradamente el peso del cuerpo. Si lo conseguimos, no sólo podemos tener la seguridad de que llegaremos a realizar de forma correcta todos los movimientos, sino que además evitaremos lesiones por forzar el cuerpo o los músculos inútilmente.

En la danza del vientre el cuerpo de la bailarina debe mantener un eje vertical imaginario que vaya desde la cabeza a los pies para que los movimientos de las distintas partes del cuerpo tengan un centro de equilibrio que concentre la expresión de la danza.

LA POSICIÓN CORRECTA

- pies paralelos ligeramente separados
  rodillas ligeramente flexionadas
- peso en los talones (no en las puntas)
- cabeza erguida y mirando al frente
- pecho erguido
- hombros bajos y relajados
- músculos abdominales relajados

52. Postura correcta
vista de perfil

53. Postura incorrecta:
el eje vertical ha sido quebrado

Alrededor de este eje se desarrollarán todos lo movimientos, giros, variaciones, ondulaciones e inclinaciones. También es muy importante que no perdamos nunca el contacto con el suelo: los pies deben conectar constantemente el cuerpo de la bailarina a la tierra. Una forma de adiestrarnos en la postura correcta es colocarnos un libro sobre la cabeza (como hacían antes para enseñar a caminar bien a las señoritas) y hacer todos los ejercicios que podamos sin que nos caiga.

A partir de esos conceptos, que no deben olvidarse en ninguna ocasión, tendremos que conseguir aislar cada una de las partes del cuerpo señaladas en el esquema 52 para trabajarlas independientemente de las otras. Eso significa que cuando movamos la cabeza debemos ser capaces de no mover ni un ápice los hombros, el tronco o las caderas, o que cuando movamos las caderas seamos capaces de no mover ni un músculo del tronco o los brazos. Cuando hayamos conseguido trabajar aisladamente cada una de estas partes entonces podemos empezar a pensar en realizar un baile correctamente. No hay nada más decepcionante que ver a una bailarina que no sabe mantener el control de cada una de las partes de su cuerpo. Recordaremos que tanto brazos como manos son complementarios al eje vertical, es decir, no sólo son ornamentos para el movimiento básico, sino que equilibran el peso y las líneas del cuerpo durante los movimientos. No hay que olvidar tampoco que la belleza de la danza del vientre reside en la esencia, no en la ornamentación: al igual que en una pintura o en una pieza de música, la ornamentación es virtuosismo, barroquismo.... Si quitamos todos los ornamentos deberemos encontrar la auténtica esencia de la danza, la emoción, el sentimiento. Si sólo nos preocupamos de los ornamentos podemos encontrarnos con una danza vacía, y por tanto, sin nada que comunicar. Por eso es esencial que sintamos profundamente cada uno de los movimientos que realicemos, que los hagamos porque los sentimos, porque la música nos los pide. Cuanto más nos identifiquemos emocionalmente con una determinada música, mejor podremos interpretarla. Por eso es tan importante elegir la música que más nos guste, aquélla con la que nos sentimos bien. Nuestras preferencias por uno u otro tipo de música serán una parte fundamental de nuestro estilo.

Postura de brazos y manos

Los brazos añaden composición y línea al cuerpo, ayudan a la expresión total en la danza. Pueden servirnos en algún momento de la danza para enmarcar el rostro o los diversos movimientos del torso y las caderas. Podemos ponerlos en posiciones paralelas o en posiciones asimétricas, ya sea formando líneas rectas o curvas. Algunos de los movimientos de los brazos son mejores si se originan en el torso o el hombro; de esta forma el movimiento tiene una mayor amplitud y elegancia que si los movemos con el punto central en el codo, que es lo que tendemos a hacer de forma natural la primera vez que intentamos los movimientos.

La energía debe fluir desde el torso hasta las manos sin interrupciones para que el efecto sea fluido, suave y poderoso al mismo tiempo. De lo contrario, dicen algunos con humor, parecería que nos estamos ahogando. El movimiento de brazos no debe formar nunca ángulos (a no ser que sea un efecto expresamente buscado) sino que las líneas deben ser ondulantes y suaves.

54 y 55. Izquierda: postura incorrecta de brazos (los hombros están tensos) Derecha: postura correcta.

Los brazos son un centro importantísimo de expresión tanto puramente estética como emocional: pueden dibujar figuras geométricas en el aire o bien ofrecer presentes invisibles, atraer y rechazar con sutiles movimientos, etc. Pero no olvidemos que la expresión, el sentimiento, es importante para dar sentido y carácter a cualquier movimiento que hagamos.

Los distintos movimientos de brazos deben combinarse con una posición adecuada de las manos: palmas extendidas hacia arriba, hacia abajo, aleteos alternados o movimientos ondulantes... dependiendo de la expresión que se les quiera dar.

La gracia que pueden otorgar a la bailarina unos brazos bien colocados y con movimientos correctos y armoniosos pueden convertirse en su verdugo si los brazos carecen de la energía necesaria y no encuentran el lugar que les corresponde. Lo mismo ocurre con las manos. La expresión de la emoción que intentamos transmitir a través de la danza debe fluir de nuestro vientre, de nuestro estómago, de nuestro pecho y de nuestra cabeza y extenderse hasta las puntas de nuestros dedos; la energía que se genera en nosotros debe salir por ellas. Sólo así evitaremos que nuestras manos sean meros apéndices inertes que no participan de la energía del baile. Es muy feo ver a una bailarina con las manos caídas moviéndose sin orden ni concierto.

También hay que tener cuidado de no mover excesivamente las manos: no son molinillos de viento. Moverlas en exceso resta elegancia y puede incluso convertirse en un tic, lo cual es muy frecuente.

LO QUE NO HAY QUE HACER

- Cerrar los puños
- Encoger los hombros
- Taparse la cara al mover las manos
- Mover los brazos en exceso
- Realizar movimientos excesivamente pegados al cuerpo

Recomendaciones para realizar movimientos de brazos

Para conseguir la postura adecuada pensaremos en una línea imaginaria que va desde nuestro hombro hasta la punta de la uña de nuestro dedo corazón, y que a través de esa línea fluye nuestra energía como si de una corriente se tratara. La línea se tensará, se relajará y se moverá al ritmo de la música. Es posible que nos cueste un poco conseguir el tono muscular necesario para mover de forma adecuada los brazos, ya que éstos, en las actividades cotidianas, se mueven en un tanto por ciento muy bajo respecto a su potencial.

Hay que ensayar la colocación de brazos ante el espejo para detectar las posturas incorrectas y forzar la corrección. Las posturas elementales son las siguientes:

1- Postura básica : brazos a los lados a la altura de los hombros (ver imagen 55)

56. Una variante de la postura básica es la postura en W

2- Brazos en alto junto a la cabeza; si los separamos ligeramente es una postura muy indicada para efectuar giros.

57. Realización de la postura de brazos en alto

58 y 59. Variaciones con un brazo en alto

3- Variaciones con el brazo en alto: un brazo en alto y otro horizontal; un brazo en alto y otro de frente a la altura del pecho; un brazo en alto y otro abajo a la altura de la cadera.

4- Un brazo doblado sobre la nuca y otro horizontal (foto 60)

60. Variación con un brazo sobre la nuca

5- Brazos hacia delante (juntos o ligeramente separados a la altura del pecho; ligeramente separados y a la altura de los ojos)

6- Brazos abajo junto a las caderas.

A partir de estas posturas elementales y de las diversas combinaciones que permiten, podemos realizar un bonito trabajo de brazos, y más todavía si los combinamos con algún movimiento de manos. Éstas mismas posturas nos servirán para el trabajo básico con el velo.

61. Con los brazos hacia delante   *62. Con los brazos junto a las caderas*

Postura de rodillas

La postura de las rodillas es fundamental para conseguir que los movimientos de torso y sobre todo de caderas se realicen correctamente. Las rodillas estarán siempre ligeramente flexionadas, lo que hará que nuestros movimientos sean fáciles y fluidos.

Hagamos unas pruebas:
Coloquémonos en la postura estática de partida con las rodillas dobladas. Tengamos en mente la línea imaginaria horizontal que va de cadera a cadera. Estiremos (pero cuidado, no hay que estirar del todo) alternativamente las rodillas muy despacio; veremos cómo esa línea va inclinándose también alternativamente a derecha e izquierda: cuando estiramos la rodilla derecha, la cadera derecha sube y la izquierda baja, y cuando estiramos la rodilla izquierda, la cadera izquierda sube y la derecha baja. Ese juego de rodillas es lo que no hay que olvidar nunca.

*63. Postura de las rodillas
en el movimiento de caderas*

ATENCIÓN

No son las rodillas lo que movemos

*Es la libertad de rodillas la que
nos facilita los movimientos*

Movimientos básicos

Pasos y movimientos

Movimientos de brazos

Los brazos, a partir de las posturas básicas que hemos mencionado antes, cambian de posición en movimientos circulares y sinuosos. Pensemos en los brazos de una bailarina flamenca, pero más dulces y redondos.

Los brazos no deben permanecer estáticos durante la danza, a no ser que queramos conseguir algún efecto puntual. Los brazos son un complemento, aunque no deben ser ni una distracción (lo cual ocurre si hay un movimiento excesivo) ni una barrera (es decir, que produzcan interferencias visuales con otros movimientos).

Solemos cambiar la posición de los brazos de acuerdo con los cambios en los movimientos de torso y caderas, o al efectuar los cambios de peso en las piernas, un cambio de sentido, mientras andamos o también cuando trabajamos sin desplazarnos, pero siempre hay que hacerlo siguiendo los compases de la música.

También existen unos movimientos específicos que pueden añadirse en el transcurso del baile y que incrementarán su riqueza:

Movimiento de la serpiente. Con los brazos en cruz, subiremos alternativamente el codo derecho e izquierdo; el mantener la energía continua entre hombros y manos (como hemos dicho en el apartado *Postura de brazos y manos*) hará que las manos sigan por acto reflejo el movimiento que les corresponde. Visualmente, el efecto es el de una línea entre ambas manos que forma olas continuas.

64, 65 y 66. Forma en que se realiza el movimiento de serpiente. El movimiento puede hacerse más pronunciado si subimos y bajamos más los brazos.

Hélice. Con los brazos colocados arriba, iremos bajando las manos cruzándolas por delante como si fuéramos dibujando ochos. El primer ocho enmarca el rostro, el segundo enmarca el pecho y el tercero enmarca la cadera (fotos 67 y 68)

67 y 68. Dos momentos en la realización de la hélice

Apertura de brazos. La apertura rápida de brazos es un recurso visual muy efectivo que otorga carga enérgica al conjunto y hace de contrapunto a movimientos más suaves o pausados (fotos 69 y 70)

69 y 70. Dos momentos en la apertura de brazos

Enmarcar el rostro de forma estática. Lo utilizaremos cuando realicemos ochos de cabeza o desplazamientos laterales para fijar las miradas en nuestro rostro.

71. Las manos enmarcan el rostro cuando realizamos con éste rotaciones o desplazamientos laterales

Enmarcar el rostro haciendo un círculo imaginario con la mano a su alrededor. Es un juego de brazos que puede servirnos también para enmarcar el rostro en un momento dado.

72. Forma de enmarcar el rostro con la mano

Caída de brazo en diagonal. Bajaremos el brazo derecho en diagonal desde el hombro izquierdo hasta la cadera derecha (el brazo izquierdo bajará desde el hombro derecho hasta la cadera izquierda). Al bajar, la mano va moviéndose sinuosamente haciendo olas o pequeños círculos.

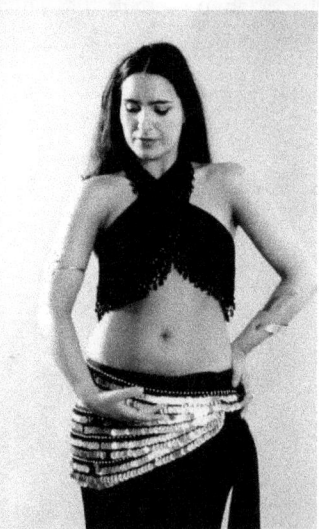

73, 74 y 75. Tres momentos de la caída del brazo en diagonal

Figuras de espaldas. Estas figuras requieren un gran dominio de las posturas para que resulten visualmente bellas (fotos 76 y 77)

76 y 77. Dos movimientos distintos de los brazos estando de espaldas

Las manos

Los movimientos suaves y sinuosos de las manos son muy femeninos. Las manos acompañan y son la "guinda" de un bello movimiento de brazos. A veces, sin embargo, exceden su misión en el baile y son instrumentos que la bailarina utiliza para comunicarse con el público. Procuraremos, en todo caso, conseguir con ellas la máxima armonía.
(ver también apartado *Postura de brazos y manos*)

Uno de los errores más frecuentes (e inconscientes) en las bailarinas primerizas es la exageración de movimientos de las manos, que asemejan molinilos incontrolados. Una buena bailarina mantiene tanto el control de su vientre como el control de sus manos, que no son sino la extensión del sentimiento que quiere transmitir.

Cabeza

Los movimientos que pueden hacerse con la cabeza son los desplazamientos horizontales, los ochos y los círculos. Para su realización seguiremos las instrucciones que hemos dado en el apartado *Ejercicios de calentamiento. Cabeza.*

Los hombros

Movimientos tan sencillos como subir y bajar un hombro o realizar círculos alternados con los dos hombros aportan riqueza y variedad al lenguaje de la danza del vientre. En las danzas nubias y otros bailes folklóricos es característico el movimiento de subir y bajar los hombros al ritmo de la música.

78 y 79. Movimiento sencillo con un hombro en dos fases

Torso

Movimiento del camello

Llamamos "camello" al movimiento de ondulación del torso en ese vertical de delante hacia atrás que se origina en las caderas y termina en la base del cuello. Es un movimiento muy recurrido, además de bonito. Puede realizarse lentamente o de forma rápida, y se adapta muy bien a todo tipo de música, pero en las improvisaciones lentas resulta extraordinariamente bello.

El camello se realiza bien trabajando sólo las caderas o bien combinando los movimientos hacia delante y hacia atrás de las caderas y del pecho.

Trabajar sólo las caderas como primer paso puede ser un ejercicio muy interesante para conseguir soltura, ya que al combinarlo luego con el trabajo completo dará un resultado mucho más satisfactorio.

(fotos 80, 81 y 82)

Los camellos, igual que los ochos de pecho y todos los movimientos de cadera deben hacerse manteniendo la cabeza constantemente a la misma altura.

Es un error frecuente que la cabeza suba y baje con cada movimiento.

Corrijamos este defecto ante el espejo.

80, 81 y 82.
Realización de un camello con acompañamiento de brazos.

83, 84 y 85. Los movimientos básicos del camello. La cadera, situada hacia atrás, inicia el movimiento hacia delante desde abajo.

y además...

Además del camello, el adiestramiento de los distintos músculos de pecho y torso nos permitirán realizar los difíciles movimientos que realizan las mujeres en las danzas tradicionales del folklore bereber. Un consejo: no dudes en buscar a bailarinas oriundas de la zona; descubrirás movimientos increíbles y tu danza se enriquecerá.

Shimmies

Los shimmies o temblores son uno de los trazos diferenciales de la danza del vientre. Los realizados con el pecho son más difíciles de controlar que los de cadera, y hacen falta bastantes horas de práctica para realizarlos sin que se muevan al mismo tiempo las caderas, las piernas o los brazos. Ensayemos de nuevo ante el espejo.

Para hacerlos empezaremos moviendo los hombros alternativamente hacia delante y hacia atrás con los brazos en la posición de W: cuando el hombro derecho va hacia delante el hombro izquierdo va hacia atrás y viceversa. Encadenando repetidamente estos dos movimientos tendremos el movimiento básico. Después habremos de conseguir dejar los pechos totalmente libres para que reverberen con el movimiento de hombros.

86. Postura para realizar shimmies de pecho

Los shimmies de pecho suelen realizarse en postura estática, pero también pueden combinarse con desplazamientos o bien con un movimiento del tronco hacia delante y hacia atrás, con ochos, etc. La combinación de movimientos puede resultar muy complicada, dependiendo de la destreza de la bailarina.

Eses

Las eses verticales laterales son un movimiento precioso mediante el cual el tronco realiza una S imaginaria continua de lado a lado que empieza en la cadera y termina en el hombro. Aunque la clave de su realización está en la cadera, es un movimiento propiamente de torso.

Las **S descendentes** se hacen dibujando un ocho imaginario con la cadera en dirección descendente y acento abajo. Se acompaña de un ligero movimiento ondulante de brazos que, paralelos al cuerpo, acentúan el efecto del movimiento.

87, 88 y 89.
Tres momentos en la realización de la ese.
Empieza con la cadera arriba y finaliza con la cadera hacia abajo.

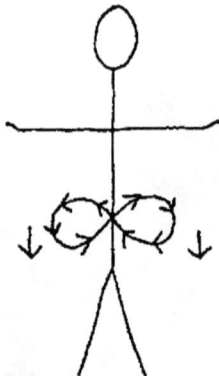

90. Esquema para la realización de S descendente. La cadera baja en los lados y sube en el centro.

Las **S ascendentes** se hacen dibujando un ocho imaginario con la cadera en dirección ascendente y acento arriba. Se acompañan de un número mayor de movimientos de brazos, que incluyen variaciones de las 5 posturas básicas mencionadas en el apartado *Postura de brazos y manos*.

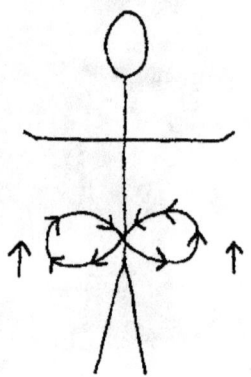

91. Esquema para la realización de S ascendente. La cadera sube en los lados y baja en el centro.

Vientre

El vientre es obviamente el centro de energía de la danza del vientre. Todo lo demás se trabaja alrededor de ese centro. Durante la ejecución de una danza, el vientre se trabaja específicamente en una improvisación, generalmente corta, en la parte más rápida de la danza, acompañando los ritmos taqsim o chiftetelli.

Los movimientos de vientre hay que evitar hacerlos antes o después de las comidas, ya que podrían causarnos algún problema de indisposición.

Se obtendrán mejores movimientos y más pronunciados si hay una buena cooperación de piernas y tórax, ya que cualquier movimiento del tórax, incluso la respiración, tiene efectos sobre el vientre; también los giros de cadera arrastran suavemente los músculos abdominales.

Para trabajar el vientre hay que tener los músculos relajados al máximo. En esta danza no nos interesa mantener un vientre plano y duro, sino relajado y ondulante, vivo, que pueda moverse al son de la música, que pueda vibrar. Los movimientos que podemos realizar con el vientre son cuatro (el efecto de los dos primeros es el de olas permanentes):

S verticales ascendentes o descendentes. Se trata de conseguir un efecto de ola seguido mediante la contracción y relajación sucesiva de los músculos de la parte baja del abdomen y los de la parte alta.

S laterales de izquierda a derecha y viceversa (es el movimiento más difícil y realmente he visto hacerlo en poquísimas ocasiones). Para hacerlo hay que conseguir mover los músculos de la parte derecha del abdomen independientemente de los de la parte izquierda. El mecanismo del movimiento sería el mismo que para las eses verticales, pero realizado horizontalmente, de lado a lado.

Vibraciones rápidas y seguidas dentro-fuera. Se trata de contraer el vientre y dejarlo completamente relajado en secuencias mínimas de tiempo. Requiere muchas horas de práctica.

Contracciones sincopadas siguiendo el ritmo de la percusión. El mecanismo es igual que en las vibraciones, pero resulta mucho más sencillo dominarlas.

Realmente, no resulta nada sencillo dominar los músculos del vientre, pero cuando se consigue el resultado es tan bello como espectacular. Suele combinarse el movimiento del vientre con el del tronco: el efecto visual se acrecienta muchísimo.

Una recomendación: no desesperéis, se necesita mucho tiempo y paciencia para conseguir estos movimientos. Deberíamos dedicar unos minutos al día a ejercitar estos músculos. También podemos aprovechar diversos momentos de la vida diaria para hacerlo: mientras estamos de pie esperando un semáforo verde, en la cola del supermercado, etc. Nos sorprenderemos de lo efectivo que es aprovechar esos momentos perdidos.

Caderas

Los movimientos de caderas de la danza del vientre tienen su origen en la cadencia natural de las caderas de la mujer al andar. Esto no hay que olvidarlo, ya que nos ayudará a entender, por ejemplo, la forma en que hay que cambiar el punto de apoyo del peso del cuerpo y trasladar el centro de gravedad al pie derecho o izquierdo.

Son varios los movimientos que pueden realizarse con las caderas. Pueden ser movimientos totales, es decir, realizados con toda la cadera, o bien movimientos parciales, generalmente laterales, en los que se mueve sólo la parte derecha o la parte izquierda de la cadera. Recordemos que la postura relajada de las rodillas, que deben estar ligeramente dobladas, nos ayudarán enormemente a la realización correcta de estos movimientos.

Golpe sencillo de caderas

Es así de simple: como si golpeáramos algun objeto con la cadera. Éste es un elemento sencillo que se puede utilizar como complemento a otros movimientos, como enlace o como final de una frase. También podemos realizar una serie de golpes hacia la derecha para desplazarnos en esa dirección (ver apartado *Danza de desplazamiento*).

Movimiento pélvico

El movimiento pélvico, procedente de algunos bailes del folklore del norte de África, se limita a empujar la pelvis hacia delante o bien hacia atrás (el sentido es siempre el mismo y nunca cambia a lo largo del baile en este tipo de danzas) en movimientos rápidos y repetitivos. Suelen hacerse mientras se va andando a pasos pequeños y con los pies siempre planos. El paso puede sustituirse a veces por pequeños saltos que hacen más variado el movimiento, bastante monótono de por sí, o bien enriquecerlo (paso a la derecha - doble movimiento pélvico sin paso - paso a la izquierda - doble movimiento pélvico sin paso, etc.). Es importante remarcar el acento (hacia atrás o hacia delante) para que el sentido del golpe pélvico sea visualmente evidente.

La danza del vientre se basa en el movimiento de caderas, ése es su trazo diferencial. Empezaremos, pues, aprendiendo el movimiento básico que se realiza con las caderas. La clave para conseguirlo está en las rodillas. Las rodillas no son por ellas mismas un centro de movimiento, sino tan sólo el instrumento que facilita el movimiento de las caderas. La libertad de las rodillas (su no rigidez) facilitará extraordinariamente la ejecución de los movimientos de la cadera. ¿Cómo lo conseguiremos?

Nos colocaremos delante del espejo y nos pondremos en la cadera dos largos pañuelos atados a ambos lados con un nudo para acentuar visualmente al máximo cada movimiento que hagamos; manteniendo el eje vertical del cuerpo, doblaremos ligeramente las rodillas. A continuación iniciaremos un ligero balanceo, como si andáramos sin movernos del sitio, y observaremos cómo las caderas van subiendo y bajando alternativamente. Ése es el movimiento clave de caderas, el que nos ayudará a conseguir los más sofisticados movimientos combinados con el torso.

> *En el movimiento básico de caderas las caderas suben y bajan alternativamente a derecha e izquierda*

La segunda parte del ejercicio consistirá en andar a pasos muy pequeños (avanzaremos medio pie a cada paso) concentrándonos en el movimiento de nuestras caderas. Al fin y al cabo, se aprende a bailar la danza del vientre andando al ritmo de la música.... Cuanto más aprendamos el baile (cuanto más dominemos el paso), más son las variaciones que podremos aplicar a ese andar. Cuando ya sepamos andar al ritmo de la música entonces podremos añadir paulatinamente pequeñas variaciones al paso, como desplazamientos laterales, saltos, giros, vueltas, etc.
Veamos a continuación cuáles son esas variaciones, que iremos desgranando según el nivel de dificultad.

Movimiento de caderas ascendente y descendente

Es el movimiento básico realizado sin desplazamiento pero que se hace doblando poco a poco las rodillas y bajando el cuerpo y subiéndolo después también paulatinamente. Puede hacerse de forma sencilla, con las caderas descendiendo alternativamente (A) o bien mediante ochos verticales (B). Si los pies están de puntillas, el movimiento resultará más marcado y bonito. El secreto del movimiento (B) está en cambiar el peso del cuerpo al pie adecuado en el momento adecuado (ver apartado *Ochos*)

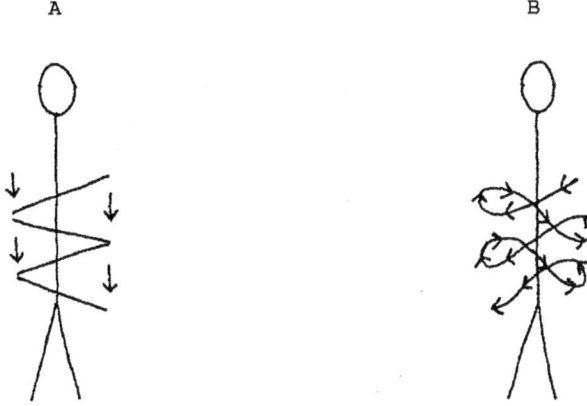

93. Esquema para la realización de los movimientos descendentes de cadera

Círculos estáticos

Círculo pequeño de cadera

(hacia la izquierda)
La postura de los brazos será en W o en paralelo junto al cuerpo. El tronco prácticamente no se mueve. Los pies sólo ligeramente separados.

1- peso en pie izquierdo, la cadera izquierda se desplaza en rotación hacia la izquierda y hacia atrás mientras la pierna izquierda permanece recta y la derecha ligeramente doblada,
2- cuando tenemos las dos caderas detrás veremos que el peso del cuerpo descansa por igual en los dos pies,
3- cambiamos el peso a pie derecho mientras la cadera derecha va rotando desde atrás hacia la derecha y hacia delante,
4- cuando tenemos las dos caderas delante el peso del cuerpo vuelve a decansar en los dos pies,
5- iniciamos otro círculo de cadera volviendo al punto 1 otra vez.

94, 95 y 96. Tres momentos de la realización de un círculo pequeño de cadera (izquierda, hacia atrás y hacia delante)

Círculo amplio de cadera

(hacia la izquierda)

La postura es la misma que en el círculo anterior, pero los brazos y el tronco van a tener una mayor movilidad.

1. peso en pie izquierdo, la cadera izquierda se desplaza en rotación hacia la izquierda y hacia atrás forzando un gran círculo mientras la pierna izquierda permanece recta y la derecha ligeramente doblada, mientras los brazos se juntan ligeramente a la altura del ombligo,
2. mientras las dos caderas van hacia atrás el tronco baja hacia delante mientras los brazos se abren en cruz,
3. cambiamos el peso a pie derecho mientras la cadera derecha va rotando desde atrás hacia la derecha y hacia delante y los brazos vuelven a juntarse a la altura del ombligo,
4. cuando tenemos las dos caderas delante el peso del cuerpo vuelve a decansar en los dos pies,
5. iniciamos otro círculo de cadera volviendo al punto 1 otra vez.

Encadenar varios círculos

Podemos encadenar varios círculos, pequeños y amplios. Podemos hacerlo sin girar el cuerpo o girándolo mientras hacemos uno o varios círculos. (ver apartado *Giros*)

Andar mediante círculos

(ver apartado *Danza de desplazamiento*)

Ochos

Con las caderas podemos hacer ochos planos u horizontales y ochos verticales. En los ochos planos, la cadera se mueve girando hacia delante, hacia atrás y hacia los lados.

Practicar la direccionalidad precisa del movimiento facilitará que podamos alternar ambos tipos de ochos consiguiendo un efecto visual claro y rico.

*97 y 98.
Dos secuencias en la realización de un ocho plano*

En los ochos verticales, la cadera se mueve desplazándose hacia arriba y hacia abajo. Es importante saber mantener la direccionalidad de manera precisa.

99, 100 y 101.
Tres momentos en la realización del ocho vertical con ligero movimiento rotatorio. Se ve claramente que la cadera sube y baja ayudándose del pie en puntillas.

102. Esquemas para la realización de los ochos de cadera (verticales y horizontales)

Podemos realizar también un ocho de cadera combinado mezclando los dos movimientos:

1. Los pies están de puntillas. Con el peso del cuerpo en el pie derecho apoyamos la punta del pie derecho y empujamos la cadera derecha hacia el lado y hacia arriba y luego hacia delante y hacia abajo.
2. Pasamos el peso del cuerpo al pie izquierdo mientras avanzamos un poco el pie derecho, y con la punta del izquierdo empujamos la cadera izquierda hacia el lado y hacia arriba y luego hacia delante y hacia abajo.
3. Enlazamos otra vez con 1.

Cuando bailamos, el acto de subir, girar y bajar la cadera derecha se realiza al mismo tiempo que avanza el pie izquierdo, y viceversa. Además, la coordinación de los dos movimientos de ochos debe hacerse de forma rápida y automática mientras andamos.

Movimiento lateral de cadera

El movimiento lateral de cadera es un movimiento de rebote pero con el acento del golpe realizado sólo hacia uno de los lados. Puede ser estático (sin movernos del sitio) o dinámico. El estático puede hacerse manteniendo los dos pies en el suelo o bien levantando un poco el pie en el momento en que desciende la cadera (como si diéramos una pequeña patada a una pelota con la parte interna del pie)

Si el movimiento es dinámico, podemos mover la cadera y al mismo tiempo realizar giros. Pero atención: si movemos la cadera derecha, los giros los haremos hacia la izquierda, y si movemos la cadera izquierda, los giros los haremos hacia la derecha.

También podemos desplazarnos lateralmente (ver apartado *Danza de desplazamiento*)

103. Postura para realizar el movimiento lateral correctamente. Obsérvese la inclinación del cuerpo.

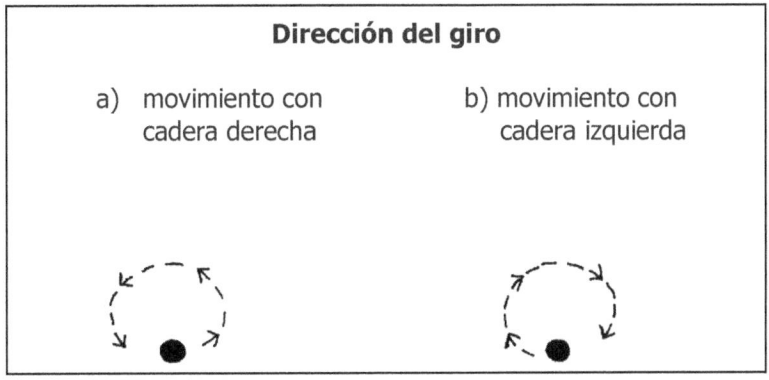

104. Esquema que muestra la direccionalidad correcta en los giros

Para potenciar el movimiento lateral de las caderas inclinaremos el cuerpo ligeramente hacia atrás para formar un ángulo con la pierna, tal como se muestra en la foto. Para mover la cadera derecha, el peso del cuerpo tiene que recaer en el pie izquierdo plano (con la pierna ligeramente doblada), mientras doblamos la pierna derecha y el pie derecho se apoya en la punta.

Círculos con una cadera

Apoyaremos el peso del cuerpo en el pie izquierdo con la pierna izquierda ligeramente doblada; doblaremos la pierna derecha apoyándola por la punta del pie (igual que en la imagen 98): eso nos permitirá trabajar bien con la cadera derecha y podremos realizar ochos y círculos. Para realizar círculos con la cadera izquierda, cambiaremos la posición de las piernas.

Danza estática y danza con desplazamientos

Llamamos danza estática a la que realiza la bailarina sin moverse del mismo lugar. Es característica del estilo egipcio más clásico. De esta manera, podríamos incluso realizar una danza entera sin salir de un espacio de un metro cuadrado. Actualmente, las bailarinas de danza oriental se mueven más en el espacio situado alrededor del eje central (su propio cuerpo) y tienen un repertorio más variado de movimientos de manos y de brazos, con lo que el baile se ha vuelto mucho más dinámico que antiguamente.

Cuando la danza no es estática, los desplazamientos pueden hacerse de diversas formas: andando de manera simple, caminando de forma vigorosa o avanzando mediante pequeños saltos.

Paso a paso

Avanzaremos de lado, en diagonal o al frente con pasos cortos:
1 pie derecho de puntillas y cadera derecha levantada (el peso recae en el pie derecho): avanzamos con el pie izquierdo y cambiamos el peso a
2 pie izquierdo plano en el suelo mientras arrastramos la punta del pie derecho hacia el talón del izquierdo bajando la cadera derecha

3 empujamos con el pie derecho y levantamos cadera derecha para avanzar otra vez con el pie izquierdo.

105. Forma de colocar los pies para avanzar paso a paso

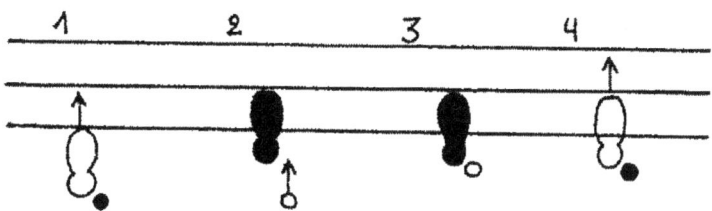

106. Esquema para la realización del paso a paso avanzando siempre con el pie izquierdo. El pie que aguanta el peso del cuerpo se marca en negro. El círculo representa el pie en puntillas.

Andando

Puede realizarse con el pie plano o de puntillas. El efecto es muy distinto: si lo hacemos de puntillas el movimiento será mucho más pronunciado. El movimiento es el mismo que en la forma anterior, pero al ser más rápido y seguido eliminamos el apoyo intermedio.

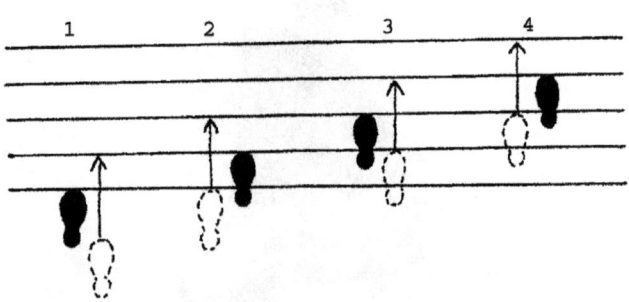

107. Avanzando con pie plano

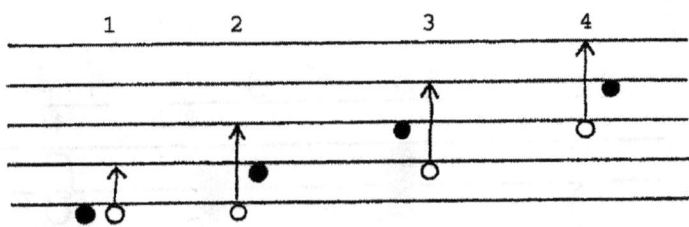

108. Avanzando de puntillas

Tipos de pasos

Paso alto: Es el paso más común en la danza del vientre. La cadera sube cuando el pie se apoya en el suelo. El golpe de cadera se realiza hacia arriba. En el paso alto la cadera se levanta a cada paso.

Paso bajo: la cadera baja cuando el pie se apoya en el suelo. El golpe de cadera se realiza hacia abajo. En el paso bajo, la cadera baja cuando el pie baja. Este paso es más común en danzas de tipo folklórico, y es el principal de los pasos egipcios. Para ayudarnos en el control de este paso colocaremos las manos mirando hacia abajo y junto a las caderas, como si tuviéramos que empujar una palanca imaginaria (ver foto 109)

109. Forma de colocar las manos en el paso bajo

Andando con ochos combinados

Aquí añadimos dos niveles de dificultad al paso sencillo: se trata de combinar la figura del ocho plano con la del ocho vertical (ver apartado *Ochos*). Al mismo tiempo que subimos la cadera derecha cuando avanzamos con la pierna derecha, también realizaremos con la cadera derecha un giro hacia delante sobre nuestro eje. Enlazaremos con el avance de la pierna izquierda y el doble movimiento de la cadera izquierda hacia arriba y hacia delante. Los pies estarán de puntillas. Veamos los pasos:

1 con el peso del cuerpo en el pie derecho apoyamos la punta del pie derecho y empujamos la cadera derecha hacia el lado derecho y hacia arriba y luego hacia delante y hacia abajo

2 pasamos el peso del cuerpo al pie izquierdo mientras avanzamos un poco el pie derecho y con la punta del izquierdo empujamos la cadera izquierda hacia el lado izquierdo y hacia arriba y luego hacia dlante y hacia abajo

3 enlazamos otra vez con 1

Cuando bailamos, el acto de subir, girar y bajar la cadera derecha se realiza al mismo tiempo que avanza el pie izquierdo, y viceversa. Además, la coordinación de los dos movimientos de ocho debe hacerse de forma rápida y automática mientras andamos.

Desplazamiento con vueltas

Podemos desplazarnos sobre una línea imaginaria o bien en círculo utilizando las vueltas en lugar de los pasos. Para hacerlo seguiremos las mismas indicaciones que para la realización de las vueltas simples, pero añadiendo el factor desplazamiento en el momento adecuado.

Atención: Los desplazamientos con vueltas deben seguir una línea definida

Desplazamiento lateral con golpes de cadera

Sirve para desplazarse hacia la derecha o hacia la izquierda. Si lo hacemos hacia la derecha:

1. teniendo el peso del cuerpo en el pie izquierdo daremos un golpe con la cadera derecha mientras avanzamos el pie derecho y lo apoyamos en el suelo (todo esto lo hacemos al mismo tiempo), pasando el peso alpie derecho
2. levantamos el pie izquierdo y lo acercamos junto al derecho...
3. apoyamos el peso del cuerpo en el pie izquierdo y enlazamos con el paso 1

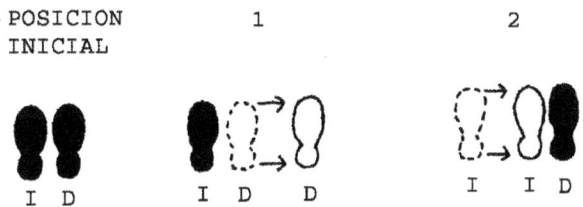

110. Esquema para el desplazamiento lateral con golpe de cadera

Desplazamiento lateral mediante S lateral de cadera

Cuando realicemos la S con la cadera, avanzaremos el pie derecho en el momento en que levantamos la cadera izquierda y empujamos con la punta del pie izquierdo (viene a ser como un medio ocho):

1   peso en pie izquierdo
2   apoyando el peso en la punta del pie izquierdo levantamos la cadera
3   desplazamos el pie derecho
4   apoyamos el peso del cuerpo en el pie derecho y bajamos la cadera izquierda
5   enlazamos con el paso 1

Andar mediante círculos (hacia la izquierda)

Seguiremos los pasos que hacemos al hacer el círculo pequeño de caderas, pero levantaremos y desplazaremos ligeramente el pie derecho hacia delante cuando la cadera izquierda se desplaza hacia la izquierda y hacia atrás, y levantaremos y desplazaremos ligeramente el pie izquierdo hacia delante cuando la cadera derecha se desplaza hacia la derecha y hacia delante.

Shimmies

El shimmi es quizá el movimiento rey en la danza del vientre. Los más lentos son rebotes de la cadera, y los más rápidos son propiamente temblores. Aunque a veces puede dar la impresión contraria, es un descontrol perfectamente controlable. La clave está en lograr el control de los movimientos de la cadera manteniendo al mismo tiempo la relajación de los músculos. Las bailarinas usan a menudo pequeños trucos para hacer más espectaculares estos movimientos, como el de colocarse pequeños adornos colgantes en los cinturones de cadera de manera que los shimmies los hagan tintinear. Esta es también una forma de mostrar el control que se tiene sobre ellos, ya que la impericia se traduce irremediablemente en un tintineo totalmente caótico. Este detalle deberemos tenerlo en cuenta a la hora de confeccionar nuesto traje (siempre podemos ir añadiendo los adornos a medida que vaya avanzando nuestro control sobre este movimiento).

Cómo hacer los shimmies

Antes de empezar a practicar la forma de hacerlos nos colocaremos un pañuelo sin adornos atado a la cadera. Para potenciar el control sobre el movimiento, lo ataremos a un lado. También podemos utilizar dos pañuelos atados y con los nudos en la cadera (ver foto) para un mayor efecto. Sólo nos colocaremos pañuelos con monedistas o adornos cuando ya estemos familiarizadas con el movimiento y queramos perfeccionarlo.

Nos colocaremos ante el espejo con los pies planos ligeramente separados y las rodillas ligeramente dobladas. Teniendo el peso del cuerpo sobre el pie izquierdo, empujaremos la cadera hacia la derecha con un golpe seco como si quisiéramos golpear algo, mientras el peso pasa al pie derecho. Los músculos y las piernas, al estar completamente relajados, producirán un efecto de rebote en la cadera. Este rebote (que implica una reverberación de los muslos y de las nalgas es la clave de los shimmies.

Intentaremos encadenar golpes de cadera a derecha e izquierda alternativamente, ya que de esta forma es mucho más fácil realizarlos. Observaremos que, también alternativamente, se efectúa un cambio de peso en el pie derecho e izquierdo.

1 golpe de cadera a la derecha y peso al pie derecho – relax- rebote

2 golpe de cadera a la izquierda y peso al pie izquierdo – relax – rebote

Al encadenar estos dos movimientos (en tres tiempos cada uno) se producen los shimmies.

Cuando ya nos salgan de forma continuada podemos empezar a probar a hacerlos mientras andamos a pasos muy pequeños. Más tarde cambiaremos de dirección haciendo círculos hacia la derecha y hacia la izquierda. La finalidad es que seamos capaces de andar haciendo cambios de dirección sin dejar de hacer los shimmies ni un instante. Este ejercicio también podemos realizarlo mientras andamos por casa, para conseguir que sea un movimiento reflejo.

Giros y vueltas

Las vueltas y los giros dan más dimensiones y planos a la danza, facilitando la proyección del cuerpo en el espacio circundante. Nos permiten presentar el cuerpo, los movimientos y los vestidos al espectador en tres dimensiones.

A veces los giros sirven para romper la monotonía de unos pasos, pero también para cambiar el registro, cambiar el ritmo, finalizar una parte del baile o simplemente terminarlo del todo. Veamos distintas formas de giro.

Girar sobre el eje vertical (giro estático)

Es el giro más sencillo. Nos sirve para cambiar el sentido de la dirección, poco o mucho, según nos convenga. Lo realizaremos de la siguiente forma: El peso recae en el pie derecho (plano); el pie izquierdo (la punta) empujará y aguantará el peso mientras el derecho se levanta y gira hacia la derecha un poquito, volviendo a posarse en el suelo y aguantando otra vez el peso del cuerpo. Y así, paso a paso, iremos girando sobre nosotras mismas.

Giros de 180° en cuatro tiempos

Equivale a una vuelta, aunque se realiza más lentamente y marcando claramente los cuatro tiempos (ver imagen 111)

POSICION FRONTAL

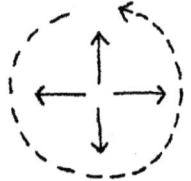

111. La direccionalidad del giro debe ser precisa

Giro mediante círculos pequeños de cadera

(hacia la izquierda)

Es igual que hacer un círculo pequeño de caderas (ver apartado *Círculos*) pero levantando el pie adecuado en el momento oportuno. Veámoslo:

1 peso en pie izquierdo, la cadera izquierda se desplaza en rotación hacia la izquierda y hacia atrás mientras la pierna izquierda permanece recta y la derecha ligeramente doblada; el pie derecho avanza ligeramente hacia la izquierda.

2 cuando tenemos las dos caderas detrás veremos que el peso del cuerpo descansa por igual en los dos pies,

3 cambiamos el peso a pie derecho mientras la cadera derecha va rotando desde atrás hacia la derecha y hacia delante; el pie izquierdao avanza ligeramente hacia la izquierda.

4 cuando tenemos las dos caderas delante el peso del cuerpo vuelve a decansar en los dos pies,

5 iniciamos otro círculo de cadera volviendo al punto 1 otra vez.

Cómo dar las vueltas

Realizar una sola vuelta puede ser sencillo, pero al encadenar varias de ellas podemos tener problemas con la estabilidad. Para garantizar el equilibrio al dar vueltas completas, los ojos deben mantenerse fijos en un punto. La cabeza sólo girará (y lo hará más rápidamente que el cuerpo) cuando el giro del cuerpo la obligue. La cabeza es la última en dejar la posición de frente y la primera en llegar a ella (y antes que el cuerpo) tras el giro. Los brazos tienen su papel en la realización correcta de las vueltas, ya que impulsan el cuerpo y lo dirigen a su nueva posición, y en todo caso sirven para mantener el equilibrio. Los brazos siempre se abren hacia la dirección de la vuelta: si giramos hacia la derecha, es el brazo derecho el que, partiendo de una posición frontal, efectuará un movimiento de impulso hacia la derecha que seguirá luego el resto del cuerpo.

112, 113 y 114.
Tres momentos en la realización de una vuelta hacia la derecha

Como en cada uno de los pasos, no forzaremos nuestro cuerpo. La danza siempre quedará mejor si hacemos bien lo que dominamos, aunque sea poco; pero, en este caso, una vuelta mal realizada puede poner en jaque toda una actuación.

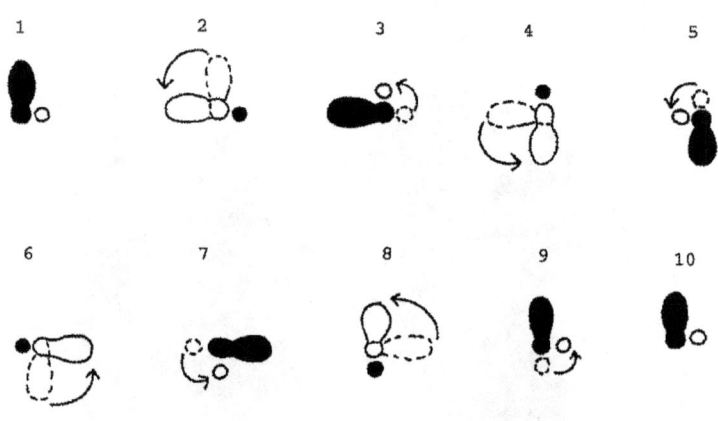

115. Esquema de la posición de los pies en las vueltas hacia la izquierda

Postura de los brazos en las vueltas

Ya hemos apuntado antes la importancia que tienen los brazos en la realización del baile, ya que no sólo son una mera ornamentación, sino que su colocación responde también a criterios de equilibrio y direccionalidad del movimiento.

Veamos algunas formas de colocar los brazos al realizar las vueltas. Pensemos que estas mismas posiciones son las que se utilizan cuando hacemos las vueltas con el velo.

116, 117, 118 y 119.
Diversas posturas que pueden adoptarse con los brazos

Otra de las formas de colocar los brazos

Las vueltas pueden enriquecerse mediante la incorporación de otros movimientos complementarios. Durante la ejecución de varias vueltas seguidas podemos cambiar la postura de los brazos siguiendo un orden ascendente, descendente, o encadenando ambos, para dar una sensación de mayor movilidad. Si al finalizar las vueltas no queremos terminar en una posición estática, también podemos optar por encadenar el final de la última vuelta a un movimiento de cabeza, de hombros, de brazos, de pecho e incluso de caderas. Las posibilidades son muchas, y es la música la que mejor nos inspirará el movimiento más indicado.

Trabajo en el suelo

Los movimientos que se realizan en el suelo suelen ser un tema a veces un poco peliagudo. Hay que ir con mucho cuidado de no herir sensibilidades según las posturas que se adopten. Aunque la danza del vientre es una danza muy sensual, no hay que caer en la provocación sexual. Podemos realizar movimientos muy bellos manteniendo un estilo elegante y refinado. En realidad podemos realizar todo tipo de movimientos con la cabeza, torso y caderas. Distinguiremos entre los movimientos que podemos hacer estando de rodillas y los movimientos que podemos hacer estando recostadas de lado.

120. El trabajo en el suelo permite el juego de brazos.

Cómo bajar a nivel del suelo

Podemos bajar gradualmente haciendo ochos y doblando las rodillas hasta ponerlas en el suelo. Luego nos sentaremos de lado, manteniendo doblada la pierna que está en contacto con el suelo y estiraremos la otra lateralmente. Al bajar al nivel del suelo mientras estamos bailando deberemos conservar el eje vertical de modo que nuestro cuerpo o cabeza no se inclinen ni hacia delante ni hacia atrás. También podemos bajar haciendo eses (ver foto 121)

Cuando bajamos al suelo no nos estamos humillando (conviene tenerlo presente y, aunque lo parezca, no es una puntualización banal), de manera que nuestra dignidad de bailarina sigue acompañándonos en estos nuevos dominios. Esto se debe notar en la danza.

121. Al descender a nivel del suelo debemos mantener el porte constante. Aquí, la bailarina desciende haciendo eses.

De rodillas

Podremos realizar sin complicación círculos de cadera, ochos de torso y de cadera, shimmies de pecho y de cadera, eses de torso verticales. Todos estos movimientos podemos enriquecerlos con la aportación de movimientos de hombros, brazos y manos, e incluso (si lo dominamos bien) juegos de velo. En realidad, no se trata ni más ni menos que de bailar, por lo que podemos poner en práctica todo lo que hemos aprendido, a excepción de los desplazamientos. Existe un sencillo movimiento, igual al que hemos hecho en los ejercicios, que puede servirnos para la danza: echar el cuerpo hacia atrás. Algo muy simple pero que puede ser aderezado con infinidad de variantes (movimientos de hombros, juegos de brazos, movimientos de manos, eses, ochos, shimmies...) cuya riqueza dará la talla de la bailarina y la calidad de su danza.

122. Movimiento combinado de ochos verticales de caderas y serpiente de brazos
123. Variación de la figura anterior con los brazos sobre la cabeza

124. Combinación de movimientos de brazos y tronco

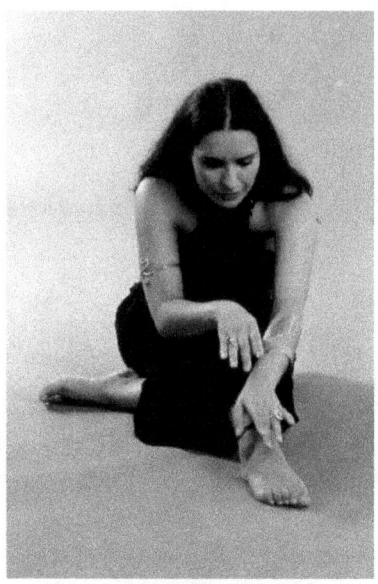

125. La bailarina está sentada con una pierna doblada y la otra hacia delante: realiza olas con los brazos de frente.

Recostadas

Sentadas a un lado, estiraremos la pierna superior y nos apoyaremos en el codo doblado. Haremos ochos laterales con las caderas, movimientos de brazos, cambios de lado... Aquí pondremos en práctica todo lo aprendido y lo adaptaremos a esta postura no precisamente cómoda para bailar. Mantener las líneas del cuerpo definidas, el equilibrio y realizar correctamente los movimientos puede costarnos un poco, pero, como siempre, es cuestión de paciencia y voluntad. Conseguir bailar bien y elegantemente en el suelo es el *summum*, el toque de maestría de una bailarina del vientre.

126. La postura recostada es difícil, pero también muy bella

Giros y vueltas en el suelo

Cuando ya tengamos un cierto dominio de los movimientos en el suelo, podemos intentar realizar giros y vueltas. Primero los haremos sin ningún complemento, pero luego podemos incorporar elementos de equilibrio como el bastón o la espada, el plato, el candelabro... Es muy bonito ver a una buena bailarina realizar estos movimientos, por otro lado tan difíciles de dominar.

Veamos a continuación los pasos para realizar una vuelta completa en el suelo. Si sólo queremos hacer un giro bastará con que nos limitemos al paso que nos interesa, ya que en la vuelta están comprendidos los giros.

> *No lo olvides:*
> *a bailar se aprende bailando*

Los complementos

Todos los complementos que podemos utilizar durante la ejecución de la danza del vientre tienen su origen en danzas folklóricas específicas. Aquí, sin embargo, se usan para potenciar la belleza de los movimientos y para dar riqueza y variedad a la danza. Veamos cuáles son los más usados.

127 y 128. Dos momentos en la realización del característicobalanceo folklórico de cabello.

Cabello

El pelo largo balanceado de un lado a otro es el principal atractivo de danzas comunitarias femeninas como la jaleyi, pero en el contexto de la danza del vientre puede proporcionar un toque folklórico puntual. El cabello es uno de los elementos que más juego proporciona a la bailarina a lo largo de una actuación. Sirve para separar distintos momentos del baile, para marcar tempos, para provocar en el espectador un toque de atención puntual y espectacular. Las bailarinas actuales suelen llevar sus cabelleras hacia delante en un movimiento rápido y descendente de torso para volver a subir lentamente y recolocar la cabellera hacia atrás con la ayuda del brazo.

Crótalos

Los crótalos son un acompañamiento de percusión conocido ya por los fenicios que a lo largo de la historia ha sido usado por diferentes pueblos, como el egipcio y el griego, y que ha llegado hasta nuestros días a través de diversas tradiciones musicales. La bailarina actual de la danza del vientre los utiliza en algún momento de su ejecución, como en la entrada o en momentos puntuales, tanto para marcar el ritmo como para enfatizar los movimientos que está llevando a cabo. Es importante llegar a dominarlo de tal modo que tocarlos sea tan natural como chasquear los dedos. No tiene que ser un acompañamiento creativo, sino sobre todo efectivo, de animación, de énfasis. Aunque suelen utilizarse en las partes más rápidas con ritmos sencillos, cuando se dominan bien ritmos más complicados (como el chiftetelli) pueden usarse en las partes más lentas y profundas de la música. Pero, sobre todo, para poder tocar bien, hemos de tener los ritmos muy claros en la cabeza.

La postura y los movimientos de los brazos cuando tenemos los crótalos puestos deben realizarse igual que cuando estamos sin ellos. La soltura debe ser la misma. Eso es lo que hay que conseguir.

Normalmente, a la hora de tocar los crótalos se sigue el ritmo marcado por la música, principalmente por la percusión: suelen ser los golpes de darbuka los que marcan los chasquidos de los crótalos, cuyo ritmo debe ser el más simple posible, sin adornos, para que no entorpezca la audición de la pieza musical.

Hay que tener en cuenta, sin embargo, que aunque un poco de crótalos puede alegrar la danza en ciertos momentos, un exceso de ellos puede hacerse muy pesado, sobre todo porque su constante tintineo es muy agudo y penetrante, pudiendo incluso ser molesto para los oídos.

Hay que practicar muchas horas y con ritmos y músicas diversos para lograr que el acompañamiento nos salga automáticamente, sin tener ni siquiera que pensar cuál es el ritmo que estamos tocando. Ése es el secreto.

Una de las tendencias más comunes cuando se aprenden a tocar los crótalos es la de ir aumentando la fuerza de los chasquidos y la velocidad de los mismos. Prestemos atención a este punto y hagamos un esfuerzo por mantener el ritmo constante desde el principio hasta el final del ejercicio. Si nos cuesta, practiquemos con un ritmo de fondo o, mejor aún, con un metrónomo. Debemos acostumbrar nuestros dedos tanto como nuestro oído.

Cómo colocarse los crótalos

Son necesarios cuatro crótalos, dos para cada mano. Se colocan en los dedos pulgar y corazón y se ajustan a ellos con una cinta elástica de mercería de 0,5 cm. que debe pasarse a través de su agujero central. Para evitar que se escurra la cinta podemos coserla a conciencia o bien juntar los extremos con un pequeño imperdible. El ajuste a los dedos debe ser el suficiente para evitar que se caigan o muevan los crótalos mientras tocamos y permitir al mismo tiempo que circule bien la sangre en la punta de los dedos.

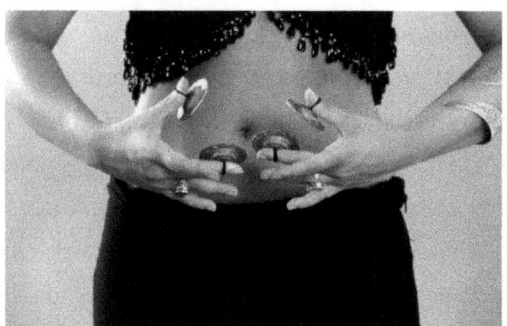

129. *Forma de colocarse los crótalos.*

Forma de tocar los crótalos

Debemos colocarlos de manera que al cerrar los dedos los dos discos coincidan perfectamente.

Aunque son un instrumento muy sencillo, se pueden conseguir variaciones de tonos y de sonidos variando la intensidad de los golpes, el ángulo de contacto entre ambos discos y teniendo en cuenta las resonancias (para los golpes abiertos) y los sonidos secos.

Hagamos pruebas de sonido para conocer bien las respuestas del instrumento. Probemos todas las posibilidades de contacto y familiaricémonos con ellas antes de empezar los ejercicios de ritmo.

Tono de campana: golpe limpio del borde del pulgar en el borde del corazón.

Tono mudo: pulgar y corazón, después del golpe, permanecen en contacto en toda la superficie. Esto reduce la intensidad y aplaca las reverberaciones.

Tono abierto: igual que el anterior, pero separando las superficies después del golpe.

Para acentuar los golpes que nos permitan marcar el ritmo, bastará con golpear con más fuerza.

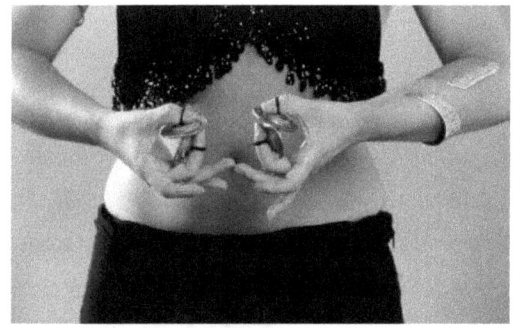

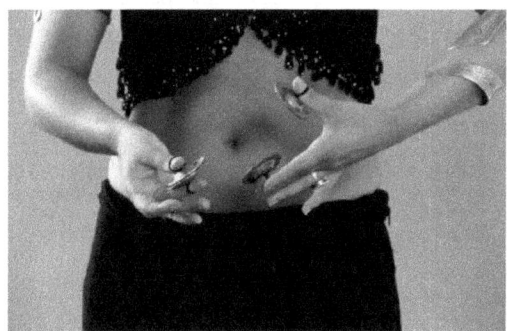

130 y 131. Dos formas distintas de percutir los crótalos

Ritmos con los crótalos

Si al empezar los ejercicios se nos agarrotan los dedos y perdemos el ritmo, pensemos que eso es absolutamente normal en los principiantes. Conseguir la soltura de los dedos es cuestión de paciencia y constancia, es decir, de muchas horas de práctica.

El **galope** (tripletes o treses) es el acompañamiento básico que se toca con los crótalos. Se toca según el siguiente esquema (D para la mano derecha e I para la mano izquierda):

DID DID DID DID (si somos zurdos **IDI IDI IDI IDI**)
tek a DUM – tek a DUM – tek a DUM – tek a DUM

Podremos hacer combinaciones en los ritmos que ya conocemos, pero siempre conservando un cierto orden estructural. Y, ante todo, recordar que el conjunto ha de resultar limpio al oído. Es muy fácil, sobre todo en una principiante, que el vivo sonido de los crótalos se transforme en ruido insoportable.

Velo

El uso del velo, su forma de ondear y su suavidad, confiere elegancia a la danza y es visualmente muy bonito y agradecido. Ayuda a potenciar muchos de los movimientos realizados con caderas y tronco, y de forma especial las vueltas y los giros. Además, también es un excelente ejercicio para reforzar la musculatura de los brazos, ya que ayuda a eliminar la antiestética flacidez. Pero hay que conseguir bailar con naturalidad cuando tenemos el velo. Tiene que formar parte de nuestra danza, ser una extensión de nuestro cuerpo; no debe ser algo postizo ni obligado. Es mejor bailar sin velo que llevar el velo sin gracia. Por eso, para empezar, podemos acostumbrarnos a llevarlo puesto cuando bailemos para familiarizarnos con él, aunque no lo utilicemos en la danza o lo hagamos poco al principio.

En una danza estándar suele usarse un solo velo grande de gasa, aunque bailarinas expertas, sobre todo en Estados Unidos, se han especializado en el uso del doble velo o combinación de dos velos, sobre todo porque el resultado es realmente espectacular. Si tenemos que realizar algún tipo de danza más específico, con aires folklóricos, por ejemplo, podremos utilizar otro tipo de pañuelos de los usados en las vestimentas tradicionales o fabricados inspirándose en ellos, como pañuelos triangulares con adornos, la melaya, etc.

La llegada del velo a la danza actual tuvo lugar en los años 40 gracias a la bailarina egipcia Samia Gamal, que lo popularizó gracias a sus numerosas apariciones en películas egipcias y americanas.

Materiales

Es importante familiarizarse con el velo: tanto con la forma y las medidas como con el tipo de material. Evidentemente, la textura, fineza, suavidad, caída, peso y demás cualidades físicas del velo, incidirán en la respuesta a nuestros movimientos. Hay materiales mucho más agradecidos que otros y, a la hora de bailar, nos facilitarán o dificultarán los movimientos: un velo pesado nos exigirá un mayor esfuerzo de brazos, por ejemplo. Antes de aventurarnos a usar un velo deberemos haberlo probado previamente para evaluar sus respuestas en situaciones diversas.

La gasa natural es el material ideal, pero si no nos es posible conseguirla, utilizaremos materiales sintéticos, procurando que sean lo más finos posible. En general, tendremos en cuenta que el rayón suele pegarse, mientras que el nylon es rígido y tiende a ser escurridizo. Antes de comprarlo, intentaremos probar el comportamiento del material para ver si realmente nos conviene.

Las medidas del velo

Las medidas de un velo estándar no son fijas, sino que están en relación a la altura de la bailarina. Se puede calcular el largo por la extensión de los dos brazos abiertos en cruz más un palmo o dos de caída de tela por cada lado como mínimo. Por lo general, una medida de 230 cm de largo es adecuada para bailarinas de altura media. El ancho de la tela será de 110 cm. aproximadamente. Hay que pensar que el largo de la caída puede ser tanto mayor cuanto más dominemos los movimientos, ya que de este modo pueden hacerse más espectaculares. Pero para empezar lo haremos con un palmo de caída por cada lado.

Trabajos con velo

Antes que nada debemos indicar la forma correcta de coger el velo: con los brazos extendidos, cogeremos el velo entre los dedos pulgar e índice de cada mano (o bien índice y corazón), manteniéndolo por delante nuestro de forma que quede bien extendido, sin pliegues.

132. Forma correcta de coger el velo

El sobrante de la tela debe caer libremente a ambos lados de nuestras manos. Esta forma de coger el velo nos permitirá realizar todos los movimientos con la máxima comodidad y precisión: ni nos faltará ni nos sobrará tela entre ambas manos que afeen la pureza de líneas de los movimientos del velo (si nos falta tela, los brazos no podrán extenderse bien al hacer los giros y, si nos sobra, la tela puede engancharse o doblarse de forma inconveniente).

Formas de colocarse el velo

Al colocarnos el velo tendremos en cuenta la belleza de la forma, pero sobre todo debemos pensar en que durante el baile nos lo tendremos que quitar, de manera que nos lo pondremos de la forma que nos sea más cómodo y natural cogerlo después. Hay que ir haciendo pruebas de los pasos y movimientos más adecuados para que este acto resulte imperceptible para el espectador, es decir, completamente integrado en la danza. Lo más usual es coger el velo mientras realizamos un giro, pero también podemos hacerlo mientras hacemos un trabajo de caderas o de tronco.

1- Sujeto al cuello

Nos permite coger las puntas con las manos en determinados momentos para realizar aleteos, giros y vueltas.

133. Velo sujeto al cuello

2- Sujeto a los dos hombros

En esta variante sujetamos someramente el velo en los tirantes del sujetador y lo dejamos colgando en la espalda. Esto nos dará libertad de movimientos en los brazos hasta que lo necesitemos, momento en el que podremos cogerlo sin dificultades.

3- Cruzado en el pecho

Tener el velo cruzado por delante nos permite otro tipo de juegos y movimientos.

134. Velo cruzado por delante
135. Velo sujeto a hombro y cadera

4- Sujeto a hombro y cadera

Esta forma de colocar el velo nos permite trabajar el tronco y las caderas potenciando y resaltando los movimientos, como las figuras de ochos, los camellos y los giros de cadera. Se coloca un extremo en un tirante del sostén (que no se caiga, pero sin hacer ningún nudo) y el otro extremo en la cadera opuesta. Podemos hacerlo igual, pero sujetándolo con las manos.

5- Sujeto a la cabeza y a las dos manos

De esta forma se consigue el efecto de alas de una forma muy cómoda para la bailarina.

136. Otra de las formas de coger el velo

Movimientos específicos que pueden hacerse con el velo

1- Aletear

Los aleteos pueden ser arriba-abajo, delante-detrás (mariposa), olas horizontales.... bien estando quietas (danza estática) bien efectuando movimientos de desplazamiento o vueltas. Lo más importante es mantener definidas las líneas del velo, pues de lo contrario, si no sabemos darle el vuelo necesario o la caída y el movimiento justos en el momento oportuno, más que un complemento maravilloso parecerá un trapo informe.

137 y 138. Dos momentos en el aleteo de mariposa. El cuerpo puede acompañar o no el movimiento e brazos de forma ascendente y descendente.

139. Aleteo con un brazo. Puede realizarse también mientras se efectúan vueltas.
140. La forma más sencilla de coger el velo, conla que pueden realizarse multitud de movimientos.

2- Tapar el cuerpo o la cabeza

A partir de la posición de partida (ver foto 132), con el velo por delante y los brazos en alto, nos taparemos todo el cuerpo; también podemos taparnos el cuerpo a la altura de los ojos, o por debajo del pecho, o a la altura de las caderas, dependiendo del tipo de movimiento que queramos hacer y resaltar.

El hecho de taparse debe ser un recurso momentáneo; si es demasiado largo, pierde efectividad. Encontrar el punto de equilibrio es cuestión de práctica.

141. El velo puede tapar todo el cuerpo o parte de él y sirve también para enmarcar una de sus partes.

3- Envolver el cuerpo o la cabeza

Se utiliza muchas veces el velo para enmarcar una parte del cuerpo con la finalidad de resaltar algún movimiento o simplemente la expresión del rostro. El efecto de concentración de la atención del público es realmente mágico. A veces se usa el efecto de contraluz para realizar un pasaje del baile de espaldas al público y con la silueta del cuerpo transparentándose a través del velo. Es muy bonito, y se aprecian más los movimientos de contorno, como eses y ochos.

El juego de envolver y dejar ver añade emoción visual a la danza. Cómo y cuándo hacerlo será cuestión de instinto coreográfico. A medida que vayamos profundizando más en el baile, la experiencia, la música y nuestro propio gusto estético nos indicarán el momento.

Bailar la Danza del Vientre

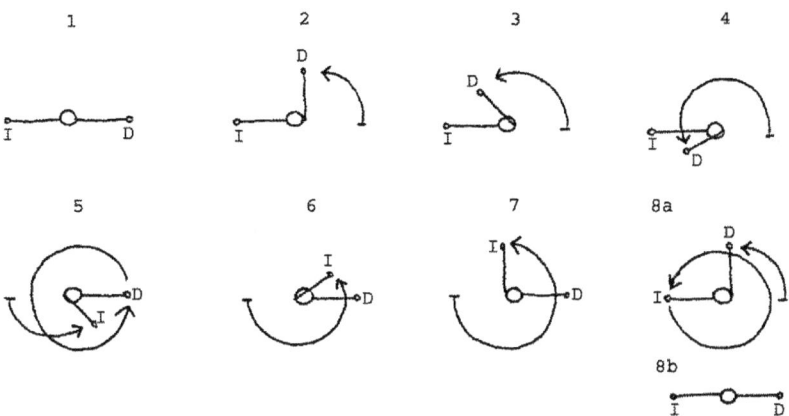

142. Esquema para la realización de ochos con velo.
8-a: encadenamiento a un nuevo ocho; 8-b: final del movimiento

4- Ochos

Los ochos con velo deben hacerse con un movimiento de brazos rápido y amplio. Si seguimos los pasos del esquema, veremos que el brazo derecho realiza un círculo hacia la izquierda por delante y el brazo izquierdo un círculo hacia la derecha por detrás. Naturalmente, el juego de brazos no es absolutamente estático (horizontal, como en el esquema) sino que los brazos necesitarán ligeros ascensos y descensos para conseguir el juego necesario para el movimiento correcto del velo.

(fotos 143, 144, 145 y 146)

143, 144, 145 y 146. Cuatro momentos en la realización de un ocho de velo con distinta posición de partida.

5- Giros, vueltas

Las vueltas oblicuas (con inclinación del torso y los brazos, como en una peonza) tendrán una gran presencia si se realizan con un velo muy largo o con un doble velo.

147, 148, 149 y 150. Realización de una vuelta hacia la derecha. Obsérvese la direccionalidad de pies, brazos y cabeza.

151. Otra de las formas de coger el velo para realizar una vuelta

6- Extenderlo

Extender el velo en el aire en un movimiento rápido es un recurso con gran efecto visual. A veces las bailarinas usan unas varillas a modo de extensión de los brazos con los que consiguen trabajar con velos mucho más largos de los normal y que multiplican la espectacularidad de sus movimientos.

7- Recogerlo

Podemos recoger el velo colocándolo en los brazos, según vemos en la foto, con un movimiento rápido desde la posición inicial.

152. Una de las formas de recoger el velo

Normalmente se suele empezar la danza con el velo cubriendo el cuerpo o atado a él o a una parte de la vestimenta, permaneciendo sin usarlo en la primera parte del baile. Lo sacaremos sólo en las partes más lentas y cuando estemos en pasajes de improvisación (taqsim) o durante ritmos chiftetelli.

Para habituarnos, podemos empezar primero aprendiendo a quitarnos el velo mientras danzamos y a arrojarlo con gracia al suelo. Luego podemos intentar andar un poco o dar una vuelta con él, o hacer un sencillo movimiento de mariposa o movimiento de brazos, o simplemente sostenerlo entre las manos cuando realicemos movimientos lentos de tronco. A medida que nos vayamos familiarizando con el velo podremos encadenar varios de estos movimientos.

Las bailarinas expertas son capaces de coger el velo con el anular y el meñique de cada mano mientras tocan los crótalos. Esto, naturalmente, requiere mucha experiencia.

Pero, ¿qué podemos hacer cuando ya hemos terminado el trabajo con el velo?
- Podemos tirarlo hacia un rincón si estamos a media danza (intentaremos que sea un gesto imperceptible)
- Podemos dejarlo caer en el sitio cuando finalizamos la danza con una pose estática.

153. Final en posición estática

- Podemos colocarlo de nuevo en el cuerpo mientras bailamos, con movimientos tranquilos, refinados y equilibrados. Esto lo haremos únicamente cuando queramos volver a utilizar el velo o queramos conservarlo por razones estéticas. De lo contrario, no tiene sentido mantenerlo.

Existen también otras formas de bailar con pañuelos que son más propias de danzas folklóricas, como las características danzas de Argelia y Túnez, en los que se coge un pañuelo no muy grande con las manos y se baila con él sin moverlo excesivamente.

8- Melaya

La melaya es una chal de color negro usado tradicionalmente por las mujeres egipcias. La danza con melaya, llamada Alejandrina o Iskandarani, la introdujo modernamente Farida Fahmy y la Troupe de Mahmoud Reda. Es una danza de flirteo muy alegre en la que la melaya se adorna con lentejuelas. Bajo ella, la bailarina luce un vestido corto con volantes y color vivo. Suelen llevar zapatos de tacón medio y la cabeza tocada con flores o pompones.

154. Farida Fahmy en los inicios de la danza de la melaya

La Negra en 2005

Palo o bastón

En su origen, el palo es una reminiscencia de danzas guerreras masculinas (el Tahtib), la más vieja forma de arte marcial superviviente. Con el tiempo ha pasado de ser sólo un complemento del folklore masculino para ser adoptado en las danzas realizadas por las mujeres en una versión mucho más delicada llamada raqs al-assaya. En la danza del vientre se usa de forma puntual, sobre todo en el estilo egipcio y baladí. La danza del palo incluye el paso-salto o tawalli, realizado sobre un pie, mientras el muslo de la otra pierna se coloca paralelo al suelo y a la altura de la cadera. Se baila con música de estilo saidi, y en ocasiones baladi.

Para habituarnos en el uso del bastón y aprender a mantener el equilibrio con él realizaremos un simple ejercicio: caminaremos de un lado al otro de la habitación con él apoyado horizontalmente sobre la cabeza. Procuraremos no tocarlo con las manos y procuraremos mantener también la postura correcta.

155. Tawalli de Shokry Mohamed durante una danza nubia del Alto Egipto en 1996

Movimientos básicos con el palo

- cogeremos el palo con las dos manos y lo mantendremos a la altura del pecho, balanceándolo ligeramente, mientras realizamos movimientos de torso y caderas o mientras realizamos algún tipo de desplazamiento (ver foto 156)

156. Forma básica de coger el palo o bastón

- Cogeremos el palo por el centro con una mano y haremos molinillos (tipo majorette). Al hacer los molinillos llevaremos el palo de derecha a izquierda del cuerpo. Hay que aprender a manterner el palo cogido por el centro sin que se caiga y evitando que se vaya desplazando a medida que realizamos las vueltas.

- Realizaremos un ocho cogiendo el palo por el extremo inferior y llevándolo de un lado a otro:

    a) de arriba a la derecha hacia abajo a la izquierda

b) de abajo a la izquierda hacia arriba a la derecha

Las bailarinas con práctica pueden realizar al mismo tiempo dos ochos, sosteniendo un bastón en cada mano.

157, 158 y 159.
Tres momentos en la realización de un ocho con el bastón

- Cogeremos el palo con una mano por su extremo inferior y le daremos vueltas, manteniéndolo a un lado del cuerpo. Este movimiento podemos combinarlo con otros movimientos característicos de la danza masculina, como dar vueltas al palo sobre nuestra cabeza, colocarlo sobre un hombro, etc.

160. Forma de colocar el bastón sobre el hombro

- colocaremos el bastón horizontalmente sobre nuestra cabeza y haremos movimientos, desplazamientos y giros (incluso trabajo en el suelo) lo más variados posible. Naturalmente, sin que el bastón se caiga de nuestra cabeza.

161 y 162.
Dos formas distintas de trabajar con el bastón sobre la cabeza.

Candelabro

Como ya hemos dicho en la primera parte de este libro, la danza del candelabro o raqs al-shamadan se baila tradicionalmente en Egipto con ocasión de celebraciones de tipo familiar, como nacimientos o bodas. La danza del vientre usa el candelabro en coreografías contemporáneas que poco tienen que ver con las celebraciones folklóricas originales, adaptándolas a su propio estilo. En la danza del vientre el candelabro forma parte de una danza extremadamente refinada, en la que pueden apreciarse algunos de los movimientos más característicos de los anteriormente mencionados. Son los propios maestros o bailarinas los que suelen hacer su coreografía.

Plato

Aquí podemos aplicar lo mismo que hemos dicho referente al candelabro.

163. Celia en la danza del plato en 1996

Velas

La danza con velas encendidas colocadas en las palmas de las manos es muy espectacular, aunque requiere un gran dominio de las posturas y de los movimientos. Para ensayar podemos empezar con algo poco pesado e irrompible, como unas gomas de borrar, por ejemplo. Aquí os mostramos el movimiento básico con los brazos, pero la imaginación os puede llevar a hacer creaciones más complicadas, en el suelo o realizando vueltas, por ejemplo.

164 -165 - 166 -167
Realización en cuatro tiempos de una vuelta de brazo completa.
Las manos deben mantener su horizontalidad para sostener las velas.

Otros complementos son el sable (con el que se realizan equilibrios en la cabeza, cadera, piernas, etc.), el cesto (usado lleno de flores en danzas festivas y de carácter popular), el cántaro (también en danzas de carácter campesino y folklórico), e incluso la serpiente. De todos modos, no es necesario llegar a usar todos estos complementos para ser una buena bailarina. A fin de cuentas, cada cual tendrá su propio estilo y sus preferencias.

Rachida en una danza con espada

Estructura de la danza del vientre

La danza como interpretación de la música

Si hacemos hincapié en la importancia que tiene el conocimiento de las características fundamentales de las músicas utilizadas en la danza (árabe, turca, etc.) se debe a que la interpretación bailada de la misma se basa no sólo en el sentimiento sino en la estructuración de los pasos siguiendo la estructura de los tiempos musicales. Lo habitual es supeditar la riqueza de pasos al ritmo, marcando éste los cambios en los pasos y en sus variaciones.

A lo largo de la danza veremos que se realizan diversos cambios importantes de ritmo que marcan las características esenciales de los tiempos de la danza. Pero dentro de cada uno de esos tiempos, en los que se desarrollan cada una de las partes fundamentales, el ritmo suele ser constante, pese a lo cual no podemos ofrecer una danza plana y lineal, sino que deberemos potenciar al máximo las posibilidades que el mismo ritmo nos facilita. Por ejemplo, si seguimos un ritmo de 4/4, cada cuatro tiempos variaremos el paso que estamos realizando cambiando por ejemplo la postura de los brazos, la dirección del paso, haciendo variaciones del mismo paso, etc.

La importancia de esta conjunción entre danza y música se refleja en el hecho de que cada artista lleva siempre la música que ella misma ha escogido en función de sus gustos personales y de cómo se adapta a sus cualidades como bailarina. Aunque algunas profesionales actúan con su propio grupo, normalmente la música se lleva grabada y suele ser una mezcla muy estudiada de piezas diversas.

En Egipto, las bailarinas que tienen que ir a una actuación a veces incluso sin conocer al grupo o a la orquesta de músicos, tienen unos estilos definidos de antemano y por todos conocidos que facilitan su trabajo de conjunción: son los llamados *al-toba* o *al-tet*.

Las partes fundamentales de una danza estándar

La entrada

La presencia de la bailarina debe hacerse notar desde que sale del vestuario (incluso antes de que se la pueda ver, tocando los crótalos, por ejemplo) o aparece en escena hasta que llega al centro del escenario (improvisado o estático).

No hay que entrar tímidamente (uno de los errores más frecuentes en las principiantes) sino que hay que entrar convencidas de que somos unas reinas (unas diosas, dicen algunos maestros) en esos momentos. La presencia de la bailarina debe sentirse en el aire, inundarlo todo. Esto se consigue teniendo una gran seguridad en el propio trabajo y también con una dosis de mentalización previa.

Hay que establecer un contacto, una comunicación con el público. Debe ser un contacto fundamentalmente amigable, visual (recordando que no somos ni unas vampiresas ni unas stripteuses); estamos bailando para unos espectadores, no para la pared, y mucho menos para el suelo (otro de los errores, muy frecuentes en las tímidas, es mirar constantemente al suelo o desviar la mirada a un punto en la lejanía). Estamos transmitiendo algo a alguien que nos mira y tenemos que establecer un puente invisible entre ambos. De otra forma, la danza será fría y fracasaremos.

La expresión del rostro, que debe estar relajado, debe ser serena y alegre. Podemos sonreir de vez en cuando, lo cual nos acercará un poco al público.

Normalmente la entrada se realiza con un fragmento de baladí que dure aproximadamente de 10 a 15 minutos. Es una entrada que intenta captar la atención y el interés del público, se suelen tocar los crótalos y se ejecutan todos los movimientos básicos que van a verse en el transcurso de la danza. Pero lo haremos recreándonos un poco en cada uno de ellos para no dar la sensación de pupurri. El tono general es vital y de introducción a la parte más profunda de la danza. Esta parte se termina con un final, que generalmente empieza con una vuelta y acaba en una posición estática, que da paso a la segunda parte de la danza: el taqsim.

Ejemplos de entrada

Entrada sencilla: entrar andando al ritmo de la música moviendo ligeramente los brazos hasta situarse en el centro. Al llegar, dar una vuelta y situarse para empezar los movimientos.

Entrada con vueltas: entramos andando al ritmo de cuatro tiempos siguiendo los pasos siguientes: derecha, izquierda, derecha y levantamos un poco la pierna izquierda en el tiempo 4, y enlazamos otros cuatro tiempos empezando con la izquierda, derecha, izquierda y levantamos la derecha y con la misma derecha empezamos cuatro vueltas hacia la derecha...y repetimos la serie, pero empezando con el pie izquierdo.

Cómo utilizar los pasos y los ritmos

Taqsim

En esta parte prima la improvisación realizada por los músicos (laúd, violín, flauta) y es la parte más lenta, dulce y profunda de todo el baile. Nos permite realizar movimientos lentos y sinuosos con el tronco y los brazos sobre todo. Éste es el mejor momento para utilizar el velo y mantendremos callados los crótalos.

Chiftetelli

El chiftetelli es un ritmo turco de 8/4 similar al taqsim pero con ritmo más acusado que puede ser rápido o lento. En la realización de la danza del vientre suele usarse el ritmo lento para trabajo en el suelo, balanceos y ondulaciones del vientre en movimientos flexibles y profundos. También nos permite utilizar en su forma rápida los movimientos básicos, temblores y shimmies, así como el velo y otros complementos. Cuando el ritmo se acelera es que esta parte está llegando a su término, y es entonces cuando se reanuda el baladí para empezar la parte final de la danza

Final

En la parte final con ritmo baladí vuelven a usarse los pasos básicos, aunque también hay lugar para improvisaciones con solos de darbuka. Suele usarse el ritmo baladí, aunque algunas bailarinas prefieren utilizar un fragmento de ritmo turco karsilama porque es muy rápido y excitante. En general el ritmo es más rápido que al principio, y también su duración es menor.

Ejemplos de final

Los finales hemos dicho que suelen hacerse dando alguna vuelta y terminando en una postura estática. Pero las vueltas pueden realizarse de muchas maneras: desde una sencilla vuelta con los brazos en W y con las palmas de las manos mirando hacia arriba, podemos ir complicando con más vueltas y con variaciones en las posturas de los brazos. Naturalmente, al principio realizaremos los finales más sencillos, ya que al dar vueltas es fácil perder el equilibrio. Podemos ir ensayando diversas posiciones, añadiendo cada vez pequeñas variaciones. Un ejemplo de final podría ser el de tres vueltas.

Final en tres vueltas: consiste en dar tres vueltas estáticas (sin moverse del sitio); - en la primera los brazos se colocarán horizontales;
- en la segunda, un brazo mirará hacia arriba y el otro se situará junto a la cadera por la parte hacia donde se da la vuelta;
- en la tercera vuelta pararemos mientras levantamos el otro brazo hacia arriba, cambiando al mismo tiempo la posición de la pierna, es decir, si terminamos las vueltas con la pierna derecha, nos posicionaremos con la pierna izquierda y el brazo derecho arriba.

Cómo crear nuestra propia coreografía

Elegir la música

En el mercado podemos encontrar cintas antiguas y CD's recopilatorios específicamente seleccionados para danza del vientre que a veces incluso llevan el nombre de una conocida bailarina por ser la música más utilizada por ella. Estas grabaciones pueden darnos una idea del tipo de música que podemos escoger. Pero si disponemos de tiempo es mucho más interesante realizar nuestra propia selección buscando autores y estilos diversos, tanto clásicos como contemporáneos, en las tiendas de discos especializadas en músicas étnicas... las que todavía sobrevivan a los cambios brutales del mercado.

La explosión de internet hace que actualmente nos sea extremadamente fácil rastrear imágenes y grabaciones; encontrar videos tanto de bailarinas como de músicos antiguos y modernos que nos facilitarán muchísimo la resolución de dudas, tanto de estilo como de sonoridad y vestuario.

A continuación hacemos algunas sugerencias básicas y por tanto infalibles para que podáis empezar esa búsqueda que sin duda será fascinante. Os aconsejamos que busquéis piezas clásicas; aprenderéis mucho de música y os sorprenderéis de las sensaciones que os inspiran. Lo antiguo sin duda os ayudará a entender lo nuevo. Atreveos también con el folklore más difícil: vuestro oido se habituará y vuestro cuerpo también.

Um Kulzum (Om Kalsoum o Um Kulthum). Canciones egipcias tradicionales

Mohammed Abd-el-Wahab. Canciones egipcias tradicionales

Mohammed Abdou. Estilo jaleyi o saudi.

Munir Bachir. Interpreta con oud música clásica árabe.

Hassan Gharbi. Música clásica.

Hamza Al-Din. Música tradicional nubia.

Moussa El-Kenawy. Danzas del Nilo. Música saidi del Alto Egipto.

Ali Hassan Kuban. Música nubia.

Abd-el-Halim Hafez. Música tradicional

Farid el-Atrash. Canción ligera de los años 40 al 60.

Assad Khoury. Estilos de baile egipcio.

Music of the Ouled Nail. Recopilatorio de música folklórica.

Music of the Ghawazee. Recopilatorio de música tradicional.

Music of the Fellahin. Recopilatorio de música folklórica.

Hossam Ramzy. Recopilatorios de baladi y de Abd-el-Halim Hafez.

Omar Khorshid. Música contemporánea.

Atef Metkal. Recopilatorio especial de percusión.

Elegir los pasos

Conseguiremos hilvanar una danza del vientre al combinar algunos o todos los elementos, pasos y movimientos que hemos visto. Lo más importante es que hagamos lo que nos veamos capaces de hacer, aquellos pasos o figuras con los que nos encontremos más cómodas y con los que podamos expresarnos naturalmente. Ya lo hemos dicho: es mejor cuatro pasos bien ejecutados (y enlazados) interpretando correctamente la música, que diez mal realizados o descoordinados.

La danza del vientre bien podría definirse gráficamente como la interpretación de la música por parte del cuerpo. Cuantos más registros seas capaz de interpretar, más rica será la danza. Así que el baile deberá tener esquemas variados, no repetitivos, que sorprendan y que no sean fácilmente predecibles. Se dice que la buena bailarina profesional es aquélla a la que no le pueden copiar los movimientos sólo con verlos, así que... el reto está ahí.

Cómo dar expresión y sentido al conjunto

Para interpretar la música con nuestro cuerpo, primero tendremos que escucharla muchas veces. A medida que lo vayamos haciendo, hemos de ser capaces de descifrar y seguir el ritmo, contando los pasos siguiendo los tiempos que el ritmo nos marca. Para los ritmos de 4/4: 1, 2, 3, 4 – 1, 2, 3, 4 etc.

Ensayaremos los pasos y las figuras, primero mentalmente y luego haciendo las pruebas una y otra vez ante el espejo. Veremos cómo poco a poco la coreografía va tomando cuerpo. Comprobaremos cómo la música nos marca unas pautas de movimiento que, aunque podemos ir variando gracias a la posibilidad de improvisación que nos ofrece, nos servirán de guía infalible en los trazos fundamentales.

Además de la utilización de los pasos y movimientos, podemos jugar también con las pausas y los silencios durante el transcurso de la danza. Quedarse momentáneamente quieta durante la realización de un taqsim, por ejemplo, produce un gran efecto. Incluso la utilización de la mirada como aderezo de la expresión (algo habitual en las danzas tradicionales de la India) tiene también cabida en la danza del vientre.

Como vemos, las posibilidades para nuestra creatividad son muchísimas.

168. Rachida Aharrat en una actuación de 2005 junto a los Músicos del Nilo

169. La Negra en una actuación de 2005

En estas dos fotografías en un escenario, tanto La Negra como Rachida Aharrat nos muestran que la expresión del sentimiento vivido en el momento de realizar la danza (distinta a la expresión de una foto de estudio) y su capacidad para transmitirlo al público es quizá lo que define la categoría de una buena bailarina.

Encontrar nuestro propio estilo

Es muy fácil caer en la copia de lo que vemos, y a veces incluso es bueno copiar, sobre todo cuando estamos aprendiendo (aunque lo cierto es que nunca dejamos de aprender). Pero lo verdaderamente importante en la realización de cualquier arte es lo que nosotros creamos de nuevo: lo que nuestra personalidad aporta al conjunto de la danza. Y todos podemos aportar nuestro toque personal, pero hay que saber encontrarlo.

Veamos algunas recomendaciones para potenciar nuestras posibilidades:
- Conocer nuestro cuerpo y sus limitaciones
- Resaltar mediante el traje la parte del cuerpo que dominamos mejor.

- Trabajar más detenidamente o durante mayor tiempo los movimientos que nos salen mejor durante la ejecución de la danza.
- Trabajar de pasada o incluso obviar los movimientos que no dominamos para que las coreografías sean más fluidas.
- Insistir durante los ensayos en esos movimientos difíciles que se nos resisten (nunca hay que abandonar) con la esperanza de incorporarlos algún día a nuestra danza.
- Mirar y observar con humildad lo que hacen los demás: siempre podremos aprender algo. A veces es tan importante fijarse en lo que hay que hacer como en lo que no hay que hacer.
- Pero, sobre todo, disfrutar con la música y dejarnos llevar por ella.

No olvidemos que son los pequeños detalles los que nos harán sentir cómodas con nuestro traje y dejarán que nuestra concentración en el baile sea total.

No hay nada peor para la danza que estar pendiente constantemente de un crótalo que se mueve, un tirante que se cae, un cinturón que se deshace o un velo que se engancha en un pendiente.

Hay que mimar los detalles hasta la exageración. Es mejor pecar de escrupulosas para evitar así situaciones incómodas

Cómo hacer nuestro traje de bailarina

El traje no sólo debe ser un ornamento bonito o sugerente. Debe potenciar el lenguaje del cuerpo, la expresión, ayudando a acentuar los movimientos (cinturones, fajas de cadera), a enmarcarlos (velo), a hacerlos sonoros en determinados momentos (tintineos de monedas, etc.) o a hacerlos más espectaculares (superposición de prendas, colgantes que cogen vuelo al efectuar vueltas, etc.)

El traje debe estar acorde al espíritu de la música, a su estilo: una canción folklórica no puede ser interpretada con un traje de gasas vaporoso, ni un espiritual solo de flauta tendrá su más adecuada traducción visual en un traje baladí, por ejemplo. Por lo menos de entrada. Aunque la creatividad personal y las combinaciones heterodoxas pueden ser un punto a favor de nuestra personalidad como bailarinas, hay que conservar el estilo fundamental de la música evitando traicionarlo con extravagancias fuera de lugar. No estamos en un concurso de disfraces, no hay que olvidarlo.

Elección del estilo más conveniente

El estilo más conveniente no depende sólo de nuestros gustos estéticos, sino también de las características físicas de nuestro cuerpo. Deberemos conocerlo bien para elegir el tipo de traje que más nos favorezca y que resalte mejor nuestros movimientos. Lo que a una bailarina le queda de maravilla a otra puede empequeñecerle el baile. Seamos conscientes de nuestros defectos para minimizarlos todo lo posible. En realidad, lo que hacemos es buscar la perfección.

Veamos a continuación algunos de los trajes-tipo en los que podemos basarnos para realizar el nuestro.

La inspiración la encontraremos observando fotografías de otras bailarinas (en internet podremos encontrar muchísimas), pero también trajes tradicionales y folklóricos de diversos países, miniaturas pintadas (indias, persas, etc.), tiendas de ropa oriental… las fuentes pueden ser muchas y diversas.

Confección de las distintas partes del traje

Caftán

Podremos hacer un traje baladí con una tela ligera (puede ser de algodón) procurando que tenga caída.

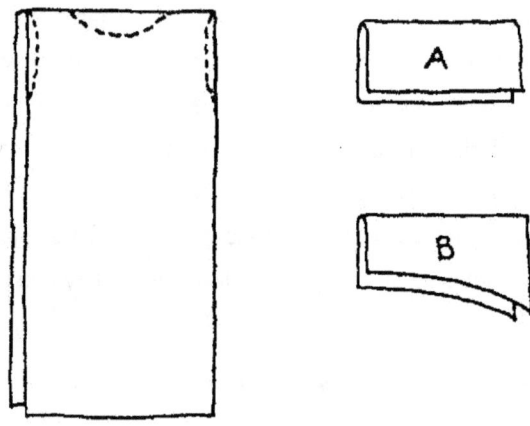

170. Esquema para la realización de un caftán

El cuerpo lo realizaremos con el largo de la tela doblado por el medio, en donde realizaremos el corte del cuello. Coseremos los lados hasta la altura de la rodilla, dejando abierta la parte inferior para facilitar los movimientos. Las mangas podemos hacerlas tubulares (A) o acampanadas (B).

A partir de este sencillo diseño podemos ir adaptando formas más complejas. También podremos adornar el vestido con aplicaciones o bordados diversos según nuestro gusto: pueden ser geométricos (al estilo egipcio o bereber) o florales.

Pantalón

Para realizar un pantalón tipo bombacho necesitaremos dos largos de una tela estrecha o un largo de una tela de doble ancho.

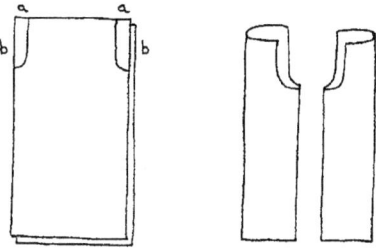

171. Esquema para la realización de un pantalón

Haremos (con los dos trozos de tela superpuestos) los cortes de la entrepierna: a) 7 cm.; b) 27 cm. Coseremos cada pernera por separado y luego las uniremos. Haremos un dobladillo en la cintura y en la parte inferior para meter la cinta elástica.

Falda

Podemos hacer varios tipos de faldas. Intentaremos siempre buscar telas con mucha caída. Cuando debamos hacer el dobladillo inferior procuraremos que quede a la altura del tobillo, para evitar pisar luego la falda mientras bailamos. Tan sólo mostramos los modelos más comunes, pero las posibilidades de las formas y sus combinaciones son muy numerosas.

Falda recta

1- La haremos con una pieza de tela, cuyos bordes juntaremos sólo por la parte de la cadera, dejando la falda abierta por un lado. Podemos adornar los bordes de los lados y de abajo con algún ribeteado.

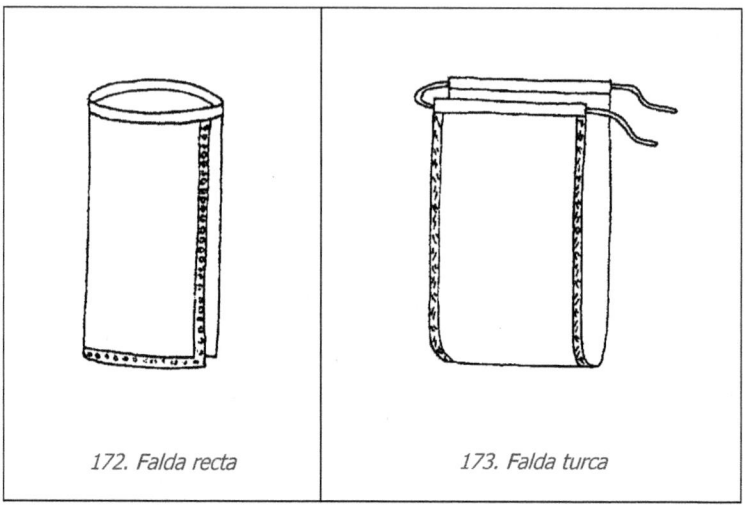

172. Falda recta   173. Falda turca

2- Otra variante es usar dos largos de tela y unirlos sólo por los extremos superiores.

Falda turca

Esta falda sólo necesita el dobladillo en la parte superior (que corresponde a los dos extremos de la tela) para poder ajustarla a la cadera por medio de una cinta o cordón. También podemos ribetear los bordes

Falda abierta con vuelo

1- Necesitaremos cinco metros y medio de tela de un metro de ancho. La dividiremos en dos partes, una de 4,25 m. para la parte de atrás de la falda y una de 1,25 m. para la parte delantera. Las ajustaremos a la cadera por medio de una cinta elástica.

2- También podemos hacer la falda a partir de semicírculos, según la cantidad de vuelo que queramos conseguir. Para un vuelo mínimo usaremos un semicírculo para la parte trasera y ¼ de círculo para la delantera. Para un mayor vuelo, usaremos dos semicírculos para la parte de atrás y un semicírculo para la parte de delante.

La forma de cortar la tela para conseguir los semicírculos será doblando la tela como indica el dibujo de la imagen 175, teniendo en cuenta que cada doblez nos da un semicírculo. El largo de la falda (de la cadera al tobillo más los centímetros necesarios para los dobladillos) nos dará el radio que necesitamos.

Una vez doblada la tela cortaremos la forma de la cadera (a) y el bajo de la falda (b). Para que la línea *b* nos salga perfecta usaremos como compás un lápiz atado a una cuerda de la medida del radio (de *x* a *y*) y trazaremos la línea sobre la tela. Luego cortaremos y coseremos.

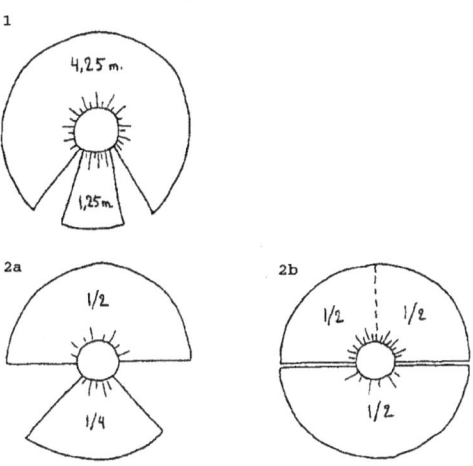

174. Diversos modelos de faldas abiertas con vuelo

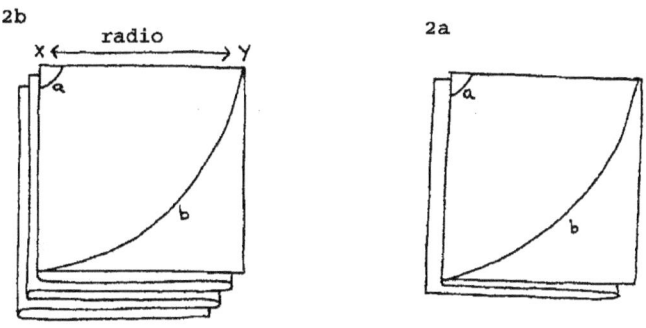

175. Esquema para el corte de la tela

Falda cerrada con vuelo

Para conseguir un efecto máximo usaremos cuatro semicírculos y coseremos todos los bordes.

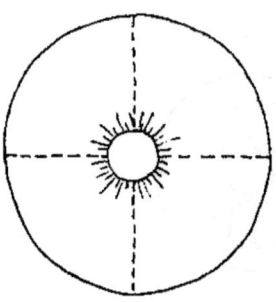

176. Falda cerrada con vuelo

Cinturón

El cinturón para la cadera puede hacerse de muchas formas. Si la queremos de tela con aplicaciones cosidas, primero tendremos que escoger la forma que queremos y luego probar la medida en papel antes de cortar la tela. Los dibujos de la imagen 150 nos muestran las principales formas (que se atan a un lado de la cadera), pero podemos hacer algunas variaciones.

Cuando tengamos la muestra en papel bien ajustada procederemos a cortar la tela. Usaremos dos telas: una más gruesa para la parte exterior y una más fina para la parte que toca al cuerpo. Para que el cinturón tenga más consistencia podemos rellenarlo con una entretela que acolcharemos a ambos lados con trozos de muselina. Después de coser todas las partes procederemos a ornamentar el cinturón como más nos guste.

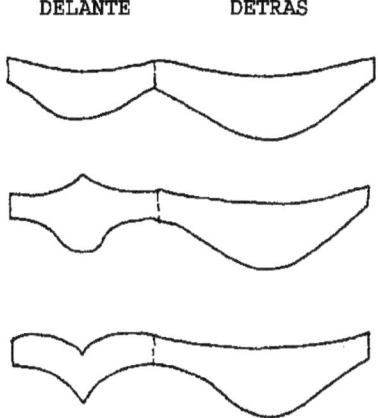

177. Distintos modelos para cinturón de cadera

La ornamentación del cinturón y del sujetador se realizará siguiendo las mismas pautas y modelos

Sujetador

Para el sujetador (que podremos combinar con blusas y chalecos) compraremos uno con el que nos sintamos cómodas, que nos favorezca y que sujete bien. A partir de ahí lo transformaremos según nuestro gusto: cubriremos las copas con tela y los tirantes con cinta o ribete. Luego lo decoraremos con monedas, flecos, cuentas, etc. Las posibilidades son infinitas.

Atención: los adornos demasiado largos en el sujetador pueden impedir que se vean bien los movimientos que realizamos. Es un error en el que caen incluso algunas profesionales.

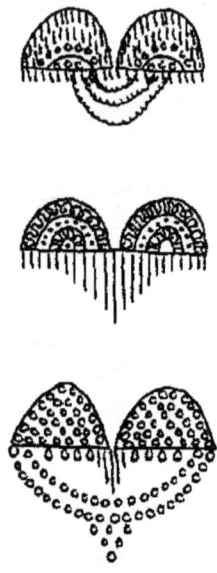

178. Ejemplos para la decoración del sujetador

Blusas

Podemos adaptar cualquier blusa de tela ligera para la danza, o bien realizarla nosotras mismas. La blusa puede usarse sola o debajo de un chaleco. Las formas pueden ser muy diversas: corta, larga, con mangas cortadas, abiertas, abombadas, cerradas en los puños, con escote redondo o en pico, etc. etc. Lo que hay que conseguir es que sea cómoda para bailar.

Los modelos más sencillos los podemos realizar a partir de cuatro piezas de tela rectangulares: las dos del cuerpo y las dos de las mangas. Haremos el corte del cuello como más nos convenga.

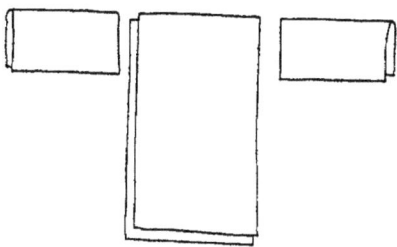

179. Esquema para la realización de una blusa

Chaleco

Los chalecos suelen usarse sobre el sujetador o sobre una blusa. Veamos a continuación dos modelos distintos de chaleco muy fáciles de realizar. La forma de la parte de atrás es la misma para ambos.

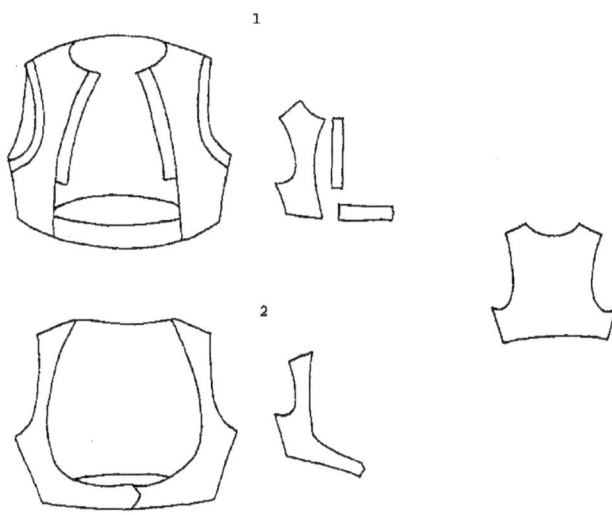

180. Esquema para la realización de los chalecos

Ornamentación

Una vez hemos hecho el traje, habrá que darle el toque personal. La ornamentación es muy importante, sobre todo porque hay que conseguir un traje equilibrado, a la medida de lo que queremos. Podemos optar por un traje sencillo o por un traje recargado. Hay que tener en cuenta, antes de decidirnos, todos los inconvenientes y las ventajas que puedan tener los ornamentos. Entre las ventajas: mayor vistosidad, mayor reflejo de la luz (el traje despedirá destellos), mayor musicalidad (en el caso de ornamentos tintineantes)... Entre los inconvenientes (sin contar el trabajo, naturalmente): a mayor ornamentación más peso, mayor dificultad en el mantenimiento (pérdida de materiales, descosidos, enganches, dificultad en el lavado...)

¿Qué podemos usar como ornamentación? Encontraremos en el mercado, sobre todo en las mercerías, multitud de materiales de todo tipo de formas y calidades: cuentas de cristal, botoncitos, monedextas, flecos, trenzas, abalorios, lentejuelas, cadenitas, pompones, etc. Las posibilidades de combinación son infinitas. Nuestra imaginación es el único límite. De todas formas, si lo nuestro no es el diseño, podemos inspirarnos o simplemente copiar algún modelo que hayamos visto en alguna fotografía, adaptando los colores y las formas a nuestro gusto.

A la hora de coser los adornos, hay que tener cuidado de no usar un hilo convencional, ya que entonces lo más probable es que los vayamos perdiendo poco a poco y tengamos que estar reparando el traje constantemente. Usaremos si es posible seda dental, por ejemplo, ya que es lo más fuerte que podemos encontrar. Cuando los cosamos intentaremos dejar un margen de hilo si queremos que los adornos se muevan libremente.

¿Zapatos o pies desnudos?

Éste fue un buen tema de discusión hace años. Estamos hablando de bailar descalzas o bien usando zapatos de tacón alto (el zapato bajo no entraba ni siquiera en el dilema). Y no era un dilema cualquiera, porque había llegado incluso a ser tema de controversia entre diversas posturas encontradas. Los detractores del uso de zapatos afirman que bailar con tacones resta movilidad y agilidad a los movimientos y que es una traba. Sus defensores afirman que es un signo de modernidad y tachan a las que no los llevan de folklóricas, puristas y snobs, aduciendo que en los países árabes las bailarinas actuales llevan todas zapatos de tacón.

Ante esta disyuntiva, y aunque hoy en día las bailarinas ya no suelen polemizar por este tema, nuestro consejo es que cada una haga lo que mejor le parezca. Pero, eso sí, si optamos por utilizar zapatos de tacón, procuremos que éstos estén a la altura del traje: si el traje es lujoso, los zapatos también deben serlo. Ante todo, la armonía general es lo que importa. Armonía y estilo... y buen baile.

Cómo presentarnos en público

> **OLVIDEMOS**
>
> **la timidez (porque es una barrera para la expresión)**
>
> **los problemas (porque queremos disfrutar de la danza)**

> **RECORDEMOS QUE···**
>
> **El baile es comunicación**
>
> **Estamos realizando una obra de arte (formamos parte de una creación audiovisual irrepetible y única)**

Presentarse ante un público es una prueba de fuego de la que, la primera vez, casi nadie sale airoso. En el caso de la danza del vientre, os podemos dar unos consejos que son fruto de la experiencia de haber visto algunas de esas primeras veces y sus errores más comunes.

Antes de presentarse ante un público conviene estar muy segura del trabajo que vas a mostrar. Eso ante todo. Después hay que prever una larga cadena de pequeños fallos que parece a veces que se hilvanan todos juntos y en concierto para fastidiarnos la velada: el cassette que se encalla (llevemos otra copia); el altavoz que no responde (sepamos dónde están las conexiones); el escenario es demasiado pequeño (tengamos preparada otra coreografía por si acaso); el vestido que se rasga (tengamos también otro a punto), etc. etc. En el caso de que todo falle, deberíamos ser capaces de improvisar un baile sin música (sólo con nuestros crótalos marcando el ritmo y el acompañamiento de palmas ocasional del público) o sin luz (a la luz de las velas). Y, como no es probable que eso ocurra, pues ya estaremos preparados psicológicamente para cualquier contratiempo y podremos reaccionar con rapidez. Esto por lo que se refiere a las circunstancias del entorno.

Por lo que se refiere a nuestro baile, conviene que antes de dar el salto hagamos un pase privado ante una persona de confianza que sea capaz de criticar nuestros fallos: no nos interesan los amigos que sólo nos dicen que todo es muy bonito. Ya sabemos que hacemos muchas cosas bien, pero queremos saber ante todo esas dos o tres que nos estropean el conjunto y en las que probablemente no hemos caído... más que nada para poder corregirlas a tiempo.

Algunos consejos:

Prestad mucha atención a los principios y finales de la danza. El principio debe ser enérgico, impactante, contundente; el final debe estar perfectamente calculado: no podemos permitirnos perder energía en los finales. Por eso es bueno aprender a finalizar el baile en una posición estática, porque acabaremos en el momento justo, ni antes ni después. Mucha atención en este punto.

Aunque la danza del vientre pueda ser improvisada, los principios, los cambios de ritmo y los finales es conveniente tenerlos perfectamente controlados y estudiados de acuerdo con la música que tenemos grabada. Y si trabajamos con músicos, estudiaremos con ellos una serie de convenciones que nos sirvan para realizar estos momentos críticos con absoluta precisión.

Glosario

Álah	Música arábigo-andaluza de Marruecos, de tipo profano.

Ayyub	ver capítulo de Ritmos

Arábigo-andaluza
	(música) Proveniente de Al-Ándalus. El repertorio antiguo se basa en la qasida, poema en árabe clásico. El moderno, en la *muwashaha* o moaxaja y el zéjel.

Arghul	Yarghul o qurma. Flauta con dos cañas de distintos largos. Parecido al mizmar.

Baladí	ver capítulo de Ritmos

Barwal	Forma poética en las nubas magrebies.

Bendir	Tambor circular de madera y piel con cuerdas en el interior que le proporcionan un sonido vibratorio.

Chaabi	o shaabi. Género popular y dialectal argelino de carácter urbano, con orígenes en la música arábigo-andaluza. También se refiere a otros géneros populares en todo el norte de África.

Chiftetelli	ver capítulo de Ritmos

Crótalos	Sunnuy, saggat o címbalos. Instrumentos circulares de percusión que suelen ser de bronce. Miden 5 cm. de diámetro. En las danzas sufíes de Egipto se usan unos de 7,5 cm. llamados turas.

Darbuka	Tabla. Es el tambor más popular del mundo árabe, utilizado tanto en música clásica como popular. Hecho tradicionalmente de arcilla y parche de piel de pescado o cabra.

Dikr	Plegaria islámica en forma de letanía. Cuando es colectiva, suele ir ligada a la música y a la danza. A diferencia de la samaa, en el dikr toman parte todos los presentes.

Duf	Bendir, adufe o pandero. Es el tambor de marco, de forma circular o cuadrangular. Algunas variedades tienen cascabeles.
Fallahi	ver capítulo de Ritmos
Gasba	flauta, equivalente al Nay
Gnawa	ver capítulo Danzas y artículo en Anexo 2
Guedra	Danza de trance proveniente del sur de Marruecos. Tambor usado en la danza del mismo nombre.
Haggalla	tipo de danza de celebración originaria de la frontera libioegipcia.
Huda	Canto del camellero o melopea y primera manifestación musical árabe.
Jarcha	Breve poema que sigue a la moaxaja y al zéjel y que en Al-Ándalus se cantaba en romance o hebreo.
Kamanjé	o kamanché. Originario de Irán, es el antecesor de instrumentos como el violín y la viola.
Karkab	Castañuelas metálicas dobles utilizadas en el Magreb.
Karsilama	ver capítulo de Ritmos
Kitra	O quitara. Utilizada en al-Andalus, es de la familia del laúd. Consta de cuatro cuerdas dobles.
Maaluf	Repertorio de música arábigo-andaluza conservado en Argelia, Túnez y Libia.
Magreb	Occidente en árabe. Referido a Marruecos, Argelia y Túnez (a veces también a Libia).
Malfuf	ver capítulo de Ritmos
Malhun	Género tradicional de Marruecos, basado en la qasida. Vinculado al arte arábigo-andaluz.
Maqsum	ver capítulo de Ritmos
Mashreq	Oriente en árabe. Referido a los países de Oriente Medio.
Masmudi	ver capítulo de Ritmos
Mawal	Poema que se canta generalmente de manera libre e improvisada, sin secuencias rítmicas.

Melisma	Ornamentación que se añade a un texto poético cantado, por el cual a cada sílaba corresponden multitud de notas. El canto melismático es opuesto al canto silábico.
Mizmar	Flauta egipcia cuyos orígenes se remontan a 3.000 años. Puede ser simple o de doble caña.
Moaxaja	O muwashaha. Forma poética cantada de estructura compleja y forma libre redactada en árabe clásico o semiclásico. Es heredera de la qasida clásica y nació en Al-Ándalus a fines del s. IX. En el Magreb se apoya musicalmente en la nuba, de la que forma parte, mientras que en el Mashreq lo es de la *wasla* o constituye un canto independiente.
Naqarat	Pequeño tambor de metal, arcilla o madera que se toca con dos palillos.
Nay	Flauta recta de caña de sonoridad dulce y cálida. Es el instrumento tradicional de los pastores del mundo islámico.
Nuba	O nawba. Suite vocal e instrumental de poemas diversos encadenados alternados por fragmentos instrumentales desarrollada en el Magreb. Está basada en el modo, que la rige y le da identidad y coherencia. Originada en al-Andalus, el arte de la nuba se dispersó tras la Reconquista por el África del Norte, donde se interpreta con particularidades en Marruecos, Argelia y Túnez. La ejecución de una nuba puede durar hasta 2 horas.
Oud	O laúd. Es el instrumento rey de la música clásica o culta. De mango corto y caja abombada, tiene cuatro o cinco cuerdas dobles que se tocan con un plectro.
Qanun	Salterio o cítara de mesa. Instrumento clásico de cuerda que puede tener de 72 cuerdas (en Egipto) a 90 (en Siria) dispuestas de tres en tres. Aunque generalmente tiene 78, se ha llegado excepcionalmente a las 102. El qanun es utilizado sobre todo en el Mashreq, Siria principalmente.

Qasida	Poema monorrimo árabe de origen preislámico. De él proviene el *malhun* marroquí.
Rabab	O rabel. Instrumento en forma de barca, de dos cuerdas, que se frota con un arco. Importantísimo en la música popular egipcia y en la andalusí del Magreb.
Rababa	Lira sudanesa.
Rais	Jefe. En las danzas comunitarias del folklore norteafricano, la persona que dirige los movimientos de los participantes.
Riqq	o pandereta de unos 20 cm. De diámetro. Incluye címbalos en el marco.
Saidi	ver capítulo de Ritmos
Samaa	Repertorio sagrado sin acompañamiento musical, opuesto al repertorio profano o *álah*. También referido a la danza rotatoria que forma parte de las ceremonias religiosas de los derviches sufíes.
Saudi	ver capítulo de Ritmos
Sawt	Poema cantado basado en la qasida. Es una de las primeras formas musicales de la cultura árabe.
Sufí	Doctrina religiosa surgida del Islam de carácter místico y filosófico. Se difundió principalmente en Persia y se expandió a través de diversas cofradías o escuelas.
Shghul	Forma poética de la nuba con origen en canciones tradicionales.
Tabal	Instrumento de percusión propio de la música *haul* o *bidán* mora.
Tajt	o *takht*. Orquesta árabe tradicional de música culta que se remonta al período preislámico. De composición variable, incluye generalmente el oud, el qanun, el kamanjé, y en ocasiones el nay y algunos instrumentos de percusión.
Tahardent	Instrumento de cuerda tuareg que tocan los hombres
Tamtam	Instrumento popular marroquí de percusión que consta de dos tamborcillos de cerámica con parches de piel.

Taqsim	Pieza improvisada de música que se toca sin instrumentos de ritmo, generalmente interpretada por un solo músico y un solo instrumento. Suele ser una pieza lenta de estructura libre en la que se pone todo el sentimiento.
Tar	Riqq o pandereta. Tambor de marco con sonajas o címbalos en el marco.
Tariya	(o tarija) Similar a la darbuka pero mucho más pequeño. Utilizado en las cofradías sufíes.
Tendé	Tambor improvisado de los tuareg, con alma de madera y piel de cabra que va mojándose mientras se toca para conseguir la sonoridad deseada.
Tawalli	Paso de danza característico de la danza egipcia masculina tahtib, realizada con largos palos y que en su origen fue un arte marcial. Característico del pueblo nubio.
Wasla	Suite de música culta en el Mashreq. Equivale a la nuba occidental.
Zaffa	ver capítulo de Ritmos
Zaggat	ver **Crótalos**
Zar	ver capítulo de Ritmos
Zéjel	Forma poética nacida en Al-Andalus que se canta en lengua dialectal y romance.
Zindali	o Zendali. Estilo de música popular característico del sur de Túnez y la zona nororiental de Argelia.
Zurna	o chirimía. Se encuentra en todos los países árabe-islámicos, la India, Turquía y los balcanes. Se utiliza en la música folklórica y tradicional.

Bibliografía

- "***Shake, rattle and roll. The exotic art of belly dancing works your body image***" Alexandra Gill. Chatelaine, 1998.
- "***Dance as community identity in selected berber nations of Morocco***". Carolina Varga Dinim. Congress on Reserach in Dance &Society. New York. 1993.
- "***Dance in Iran***" Robyn C. Friend. 1992.
- "***The mystique of belly dancing***" Tom Verde. The Savvy Traveler, 2004.
- "***The world's oldest dance: the origins of oriental dance***" Karol Henderson Harding. Cala of Savathi, 1993
- "***Khairiyya mazin strugglest preserve dying tradition of ghawazi dance in Egypt***" Edwina Nearing. Cairo, 1996.
- "***Structure & Aesthetics in oriental dance***" Kawakib's Dance Tips.
- "***Histoire de la danse et de la musique de ballet***" Paul Nettl. Ed. Payot, 1966.
- "***Le théatre et la danse en Iran***" Medjid Rezvani. Ed. Maisonneuve et Larose, Paris 1962.
- "***La musique classique du Maghreb***" Mahmoud Guéttat. Sindbad, 1980
- "***Nawba Isbahan***" Arcadio de Larrea. Consejo Superior de Investigaciones Científicas (CSIC), 1956.
- "***Canciones juglarescas de Ifni***" Arcadio de Larrea. CSIC, 1956.
- "***Música hispano-musulmana en Marruecos***" Patrocinio García Barriuso. Ecos del Magrib. 1939.
- "***The sources of arabian music***" Henry George Farmer. 1965.
- "***Les mille et une danses d'orient***" Wendy Buonaventura. 1989.
- "***La danza mágica del vientre***". Shokry Mohamed Ed. Mandala, 1995.
- "***La mujer y la danza oriental***". Shokry Mohamed. Ed. Mandala, 1998.
- "***La música arábigo-andaluza***". Christian Poché. Ed. Akal, 1997.
- "***The compleat Belly Dancer***". Julie Russo y Marta Schill. Doubleday & Company, Inc. New York.
- "***Instrumentos musicales de oriente medio y norte de África***". Catálogo de la exposición de la colección de Shokry Mohamed en el Círculo de Bellas Artes de Madrid. 1996.
- "***Den Äldsta dansen***". Bahi Barakat. Södertälje. 1990.
- "***Looking for Little Egypt***". Donna Carlton. IDD Books. 1994.
- "***Musique et société en Tunisie***". Mustapha Chalbi. Ed. Salammbo, Tunis, 1985.
- "***Danses du Maghreb. D'une rive à l'autre***". Viviane Lièvre. Ed. Karthala, 1987.
- "***Musiques du monde Arabo-Musulman***" Mahmoud Guettat. Dar al-Uns. Paris, 2004.
- "***La musique arabe***" Habib Hassan Touma. Ed. Bouchet/Chastel, 1996.

Revistas
- "**Arabesque**", New York.
- "**Danza Oriental**", Madrid.

Bailar la Danza del Vientre

ANEXO 1
Entrevistas

La Negra Gómez Romero

Transcripción de la videoentrevista realizada
en el taller de La Negra en Barcelona en 2015

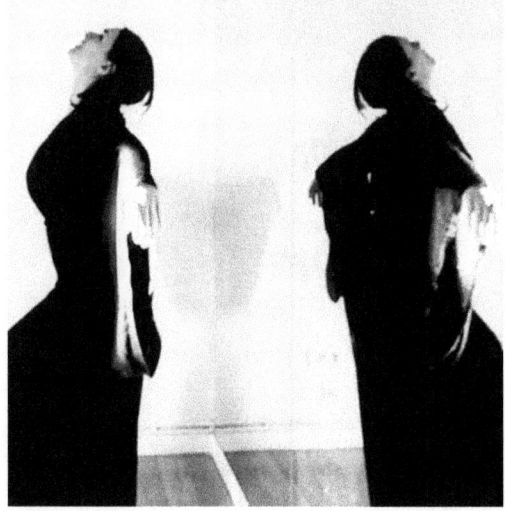

¿Cómo descubriste la danza del vientre?
No puedo decir por casualidad porque no creo mucho en ellas pero sí ninguna intención, digamos. Yo empecé danza del vientre en Buenos Aires con Paula Lena, mi primera maestra. Fui a sus clases porque me llevó el azar y descubrí un mundo que me dejó totalmente fascinada, subyugada, que es el mundo de la mujer bailando, de las mujeres bailando juntas y me pareció todo un espacio para conocer y descubrir.

Así llegué a la danza del vientre. Luego el camino fue largo, pasé por varios maestros grandes, profesores y profesoras encantadores en España sobre todo hasta que descubrí la danza duende. Me gustaría comentar que yo siempre me sentía rara en el ambiente de la danza del vientre: no bailaba igual que las demás, no tenía el gesto, la actitud que tienen las bailarinas de danza del vientre en un escenario, y esto me producía conflicto; me decía: ¿qué bailo entonces? ¿quién soy? hasta que en el marco de la danza duende encontré que esta manera de ser un poquito diferente no sólo no era un problema sino que podía ser un valor.

¿Qué es la danza duende?
La definición "de libro" sería que es un entrenamiento de la mente a través del movimiento y que tiene como motivación hacer de la propia vida una obra de arte.
Es una maravillosa red de profesionales del arte que existe en varios países europeos, creada por Yumma Mudra (antes Myriam Szabo).

¿Qué has aprendido en todos estos años como bailarina?
En mi cuerpo, como bailarina... pues... la conciencia. La conciencia sobre todo, la capacidad de disfrutar también, sin tanta preocupación de agradar o no agradar sino más bien ofrecer lo que hay como un regalo, como una ofrenda con el corazón abierto. Esas son las grandes diferencias. Mi danza es ahora una ofrenda de amor, no digo que antes no lo fuera, pero antes estaba más "contaminada" por otros juicios y por otros intereses, como esto que decía de agradar y salir al escenario y cumplir expectativas... ahora es todo mucho más calmo, más agradable.

Háblame un poco más de estilos y actitudes en la danza
Esto de sentirme un poco como un bicho raro, "un sapo de otro pozo" como se dice en mi país, tenía que ver primero con una estética con la que nunca me he sentido cómoda, esta estética que normalmente se utiliza para bailar en el escenario la danza del vientre o la danza oriental; luego con una actitud dentro de la danza del vientre que no sé si está presente en todas las danzas pero... cuando entramos en una situación más de competición, de perpetuar una energía muy neurótica... esto me hacía sentir incómoda, me hacía sentir en el cuerpo algo raro, que yo creo que todo el mundo lo siente pero a algunas personas les engancha y a otras personas nos repele. ¡Eso no es lo que yo buscaba con la danza!
Yo no me vestía igual, yo no bailaba igual... Como decía estudié con Paula Lena que tiene una danza muy particular, tiene más que ver con lo folklórico, con lo "original". Hay que poner comillas porque sabemos que la danza del vientre es una mezcla absoluta... entonces cuando alguien dice "danza del vientre pura" yo pienso: ¿de qué está hablando? Shokry tenía

esta cosa también más de tierra, claro por sus orígenes, evidentemente, y yo también tengo esto, no?

También creo que esta sensación de no pertenecer tiene que ver con no compartir -no sentir-esta tendencia que hay veces de "hacer de", creo que tiene que ver con eso, incluso con cambiarse el nombre y ponerse nombres de otras culturas...todo esto no me hacía sentir cómoda. Y sin embargo cuando bailaba danza del vientre entre mujeres, cuando había por momentos esa chispa... bueno, eso era ¡y es! el paraíso.
Esto es lo que yo creo que es la danza del vientre: el encuentro entre mujeres y el encuentro con tu propia feminidad, real, profundo, verdadero, no hacer de diosa, esto no me interesa nada, no me gusta, pero sí cuando hay algo sagrado, que se vive, algo muy natural por otro lado, porque ésta es una danza para el cuerpo de la mujer, para la energía femenina total, absoluta, básico y natural pero que a la vez es totalmente sagrado.

¿Cómo elegiste tu nombre profesional?
Jajaja, esto es porque soy argentina y en mi país a todas las morenas nos llaman negra, no es un nombre artístico ni nada... siempre me han llamado así, y a mí me gusta. Cuando llegué aquí chocaba un poco porque mi nombre real es Marta, pero yo he sido siempre la Negra y aquí se hizo más presente este nombre, esta identidad.

¿Cuándo conociste a Shokry?
Yo lo conocí en Buenos Aires, en un taller que realizó con Paula Lena, y luego apenas llegué a Barcelona contacté con él, con Rosa, para ir a tomar clases a Madrid. Siempre me pareció una persona absolutamente encantadora y amorosa, los dos, y él un gran maestro que yo en su momento no supe aprovechar, no me quedé a su lado, no supe o no pude hacerlo... Es una sensación que tuve con varios maestros en mi vida, de no haber aprovechado todas sus enseñanzas. Shokry tenía cosas muy geniales: dijo alguna vez algo que me dejó helada, preguntándome: ¿por qué me dice esto?... Dos cosas interesantes: una, que comentó a sus alumnas, que yo utilizaba la danza del vientre de una manera más

terapéutica; y yo me dije: pero éste, ¿de qué habla? No entendí ni siquiera por qué lo decía. Y mira, la vida me ha llevado a encontrar un perfume dentro de la danza del vientre mucho más cerca de lo terapéutico que del espectáculo "al uso". No es que yo sea una terapeuta, pero sí que para mí la danza del vientre es una herramienta que tiene que ver con el autodescubrimiento, autoconocimiento, la transformación, una herramienta muy potente para poder conectar con este ser femenino más profundo, y claro esto es lo que se trabaja en las clases a través del aprendizaje de la técnica de esta preciosa danza.

Recuerdo que bailé una vez invitada por él en un barecito muy mono que estaba cerca de su antigua escuela. Él vino a vernos y fue un honor porque en esos momentos se fumaba en los bares y él casi no entraba en los lugares donde había humo (su delicada salud no se lo permitía)... y entonces estaba ahí en la puerta mirando. Tomamos un café al día siguiente y me dijo que le había gustado, que yo había entrado como una sombra blanca (iba vestida de blanco), de manera sutil y no ¡pah! , la verdad es que mis entradas siempre son así, como pausadas, nunca entro corriendo porque creo que no se correr, jaja... y me dijo: abusaste de lo bonito. Y yo pensé: ¿qué dice este? Yo me creía en ese momento la superbailarina.. y.. dios mío, estaba empezando.. y él tenía toda la razón. Luego yo empecé a observarme y a verme en vídeos y es verdad que abusaba de la floritura, de lo bonito, llenaba todo el espacio con la cosa más preciosista de la danza del vientre, con las manos, con esos gestos circulares tan preciosos, pero claro, si esto es así todo el rato se cae como un suflé, se pierde la magia. Luego ya empecé a trabajar mucho más las pausas, el espacio de otra manera, etc. etc. Shokry, sin haberlo conocido demasiado y sin haberlo aprovechado como debería haberlo hecho, me hizo estos dos comentarios que luego yo descubrí que era así. Así que gracias, maestro, donde estés, porque todavía me sirven estas enseñanzas.

¿Y a Yumma Mudra?

También a través de la escuela de Shokry conocí a Yuma Mudra, Miriam Szabo se llamaba entonces. Fui a un taller con ella de danzas zíngaras, se llamaba zíngaro-oriental, una mezcla de danza oriental con danzas gitanas que no me gustó nada (otra vez mi ego se rompía en pedazos! jajajaja!) El taller no lo disfruté pero ella mes fascinó; se reía todo el rato y yo hacía tiempo que no estaba con una persona que riera tanto y me quede un poco enamorada de su risa, de su frescura y de su manera tan directa y sin vanidad. En el taller me sentía perdida, no entendía nada, la coreografía era dificilísima y sin embargo me pareció maravillosa ella, que estaba en plena gestación y parto de lo que es hoy la danza duende. A partir de ahí la seguí, y la sigo todavía después de más de diez años, y dentro de la red duende he encontrado maestrazos y maestrazas, como Luchy López. Podría decir que los tres maestros que me han marcado son Paula Lena, Shokry y Yuma Mudra. Y luego todas las personas con las que he tomado talleres, clases, cursos..., todos y todas me han nutrido evidentemente.

¿Qué tipo de música te gusta?
A mí me gusta la música antigua, me apasiona el laúd, es un instrumento que me toca el alma, sus cuerdas me hacen vibrar... digamos que un *taxim* de laúd podría ser para mí mi pieza favorita, por su complejidad y sobriedad a la vez. Me gustan las piezas poco orquestadas, íntimas... un *mawal* también... Lo que es más íntimo me toca más el corazón.

¿Cuáles son tus músicos favoritos?
Hay tantos... me gusta mucho *Hamza el-Din* que tiene mucho de este estilo íntimo, una manera de decir muy original y también muy folklórica y esta mezcla me gusta mucho. A parte de los laúdes, por ejemplo, me gusta bailar danza del vientre con tango, o con rock and roll o con ... estas mezclas me gustan particularmente porque yo soy occidental y esta danza, como es mágica, absolutamente mágica, se puede bailar en la discoteca y en cualquier lado. Quiero decir que me gusta bailar con música que tiene que ver más con mi cultura una danza que es aprendida e incorporada.

¿Cómo ves hoy la danza del vientre?
Yo bailo danza del vientre, claro, solo que no bailo dentro del estereotipo. La técnica hoy la veo con un nivelazo, realmente una evolución muy fuerte, y tal vez por lo mismo.... no sé.... creo que hemos perdido en sencillez.

Creo que se ha perdido la frescura en muchos casos. Se ven pocas bailarinas que salen a disfrutar. No a enseñar aquellos trucos perfectos, sino a disfrutar de verdad. Recuerdo a Shokry en el escenario directamente haciendo bromas, pasándoselo bomba, esta cosa tan de tú a tú que tenía la danza del vientre original; esto se ha perdido bastante con tanto escenario, tanto despliegue, tanto perfeccionamiento. Luego veo todos estos concursos, competiciones... todo esto me parece horroroso, no me gusta nada, no entiendo que se pueda juzgar en estos términos una danza. Pero bueno.... la danza del vientre no está disociada del mundo que vivimos, es una muestra más y tiene lamentablemente la velocidad y la competitividad y el estrés del mundo actual, que potencia las partes más neuróticas de la energía masculina. Lo que pasa es que choca cuando uno ve estos festivales: lo que hay son mujeronas bailando pura energía masculina. Esto es un poco extraño, pero es así. Esta competencia, esta velocidad, este no parar, este querer llegar a no sé dónde, cumplir estos objetivos, y mostrarse, y.... Todo esto es pura neurosis masculina; no tiene nada que ver con el espacio femenino.

También Shokry me dijo una vez un piropazo tremendo que guardo como un tesoro en mi corazón. Me dijo: " tú bailas como las bailarinas antiguas"... y yo tampoco entendí mucho.... me doy cuenta que no entendía nada de lo que me decían los maestros... pero me gustó y claro, tenía también un poco de razón. Salvando las distancias y por supuesto sin compararme con nadie, sí que hay algo antiguo en mi danza; en el tiempo, en las pausas... en este degustar de cada gesto, de cada espacio... esto está pasado de moda la verdad, totalmente demodé; sin embargo creo que es una de las virtudes de la danza del vientre. Es un regalo que nos hace esta danza, poder disfrutar del tiempo y del espacio y de la preciosidad de cada detalle, de cada gesto.

¿En qué trabajas actualmente?

Desde hace unos años esta danza para mi es una herramienta para trabajar la feminidad en mí y con mis alumnas. He desarrollado un trabajo que llamo "Féminas" que trabajo con mujeres y donde se usa la danza del vientre (dentro de otras muchas cosas que utilizamos) como una herramienta de exploración y de entrar en el goce, de abrirse al placer de verdad. No hago algo que me gusta sino que realmente disfruto de cada círculo como si fuera el primero y el último y de forma muy natural y muy sagrada a la vez. Se trabaja sobre todo sobre el desmontar ideas, el darse permisos, el explorar dentro de nuestra sexualidad y de nuestra vida como mujeres, con este cuerpo de mujer que tenemos, para llegar a una trascendencia... Entrar en el eterno femenino.

Rachida Aharrat

Transcripción de la videoentrevista realizada
en el taller de Rachida en Barcelona en 2015

¿Cómo empezaste en la danza del vientre?

Yo empecé en teatro cuando tenía unos 14 años, seguí con expresión corporal, y aquello me llevó a hacer danza contemporánea y africana y también, casualmente, danza oriental. Fue por un anuncio de clase abierta gratuita. Yo pensaba encontrar danza balinesa, japonesa o algo así, y para mi sorpresa empecé a escuchar la música de mi madre, de mi padre, de la familia... movimientos que ya conocía, y ya está, fue hacer la primera clase y continuar.

Me sorprendió porque fue una manera para mí de reencontrarme a mí misma, porque con los 18 años que tenia había roto un poco con la cultura a causa de vivir entre dos mundos. Siendo adolescente es bastante duro vivir entre dos culturas y además tan diferentes. Así que para mí fue como reconciliarme con mis raíces.

¿Quiénes fueron tus maestros?

Empecé clases con Devorah Korek y Rosa Vermelha. Cuando Rosa decidió marchar a Gerona por temas familiares continué con Devorah Korek y fue ella quien me impulsó a trabajar y a entrar en el mundo laboral.

Éstas fueron mis dos primeras profesoras. Luego fui a clases con Mahmud Reda, con Rakia Hassan, bastante tiempo con Shokry Mohamed... pero me sentía un poco coja a nivel técnico y empecé clases de clásico, de contemporáneo, jazz, hice un curso de formación en jazz donde había también clases de claqué, anatomía, de todo...

¿Qué aprendiste de tus profesores?
De Rosa Vermelha la valentía; de Devorah Korek quizá la visión más empresarial y más práctica y también evidentemente que si no fuera por ella creo que yo no estaría bailando o no hubiera empezado tan pronto a bailar, y de los otros profesores pues mucha profundización a nivel anatómico, conciencia corporal, mucho trabajo técnico que me ayudó a saber qué estaba haciendo con mi cuerpo.

La formación en jazz en la escuela Eulàlia Blasi me ayudó mucho a nivel técnico, sobre todo de mí misma y de mis limitaciones, y de aquí fui a parar al master de danza movimiento-terapia donde profundicé a nivel emocional y sobre la relación que hay entre cuerpo, mente y emociones; también me enriqueció muchísimo. Luego hice el curso de anatomía para el movimiento que lleva Blandine Calais. Creo que hice cuatro cursos: cinética respiratoria, periné, columna, abdominales... después fui a parar a un terapeuta bioenergético e hice un curso de terapia reequilibrante del aparato locomotor con Pedro Antolín...

Estoy muy contenta de las formaciones y de los profesores que he tenido, porque han sido todos muy profesionales pero también grandes personas, y eso es muy importante.

¿Cómo ves la evolución de la danza del vientre en nuestro entorno?
Cuando empecé, en España habia muy pocas escuelas, por no decir que sólo existía la de Shokry Mohamed en Madrid. Devorah daba clases en Barcelona, Lesya Star también estaba en Barcelona... Y poca cosa más, es que no encontrabas nada, no encontrabas música, no encontrabas información.. A medida que hemos tenido información y acceso a páginas web se ha movido más la danza del vientre, ha ido en auge, ha habido un

boom y ahora quizá está de capa caída... a peor o a mejor no lo sé, la cuestión es que en este mundo casi todo se mueve por modas y puedes profundizar durante muchos años en una cosa y continuar en ella o bien subirte al boom y terminarlo en tres o cuatro años.

A nivel técnico se ha mejorado muchísimo, hay mucha cosa nueva. Pero todavía se ve cojo porque no hay una reglamentación de la técnica; hay pasos que tienen distintos nombres.... sí que hay una nomenclatura común en todos los países pero creo que muchas bailarinas estarían de acuerdo en que se necesita que alguien se plante y ponga orden, pero claro, ¿quién hace esto? ¿una chica de Argentina, un chico de Alemania, un egipcio, una española? Pero sí, podríamos plantarnos y crear una escuela, como se ha hecho en otros países, porque es necesaria una línea de trabajo. Que luego puedan salir más técnicas, o distintas visiones.... de eso se trata. Cuando aquí hablamos de danza oriental se habla del saidi, del baladí, se puede hablar (aunque no les guste muchas veces reconocerlo) del tribal, del tribal fusión, etc. etc. etc. que son los distintos caminos de la danza oriental o danza del vientre.

¿A qué crees que es debido esta explosión de modalidades estilísticas?

Los nuevos estilos que se han ido creando yo creo que se deben a un cambio personal de las bailarinas, porque con los años vas aprendiendo y vas escogiendo aquello con lo que te sientes identificada; y encontramos nuevas líneas de expresión que surgen porque ha habido anteriormente un trabajo de base. Empezar algo desde arriba es un error, todo el mundo debería pasar por la base para llegar a un cierto tipo de trabajo que puede ser más espiritual o más emocional.

Hay un estilo que predomina en España que es el estilo egipcio, pero aunque no hay que envidiar nada al estilo argentino, por ejemplo, no creo que podamos aún hablar de un estilo español ni catalán... todavía no.

Evidentemente cuando hablamos de estilo egipcio quiere decir que los egipcios han mantenido durante muchos años la danza del vientre y quizá son los que más la han promovido, pero hay un vacío, y es que legalmente la danza del vientre está prohibida, no gusta a una cierta parte de la población porque según las leyes musulmanas no se permite que una mujer se exhiba en público.

¿Cuál ha sido tu evolución personal?
Yo durante mucho tiempo fui como muy purista en danza del vientre. Tomé clases de contemporáneo durante mucho tiempo, pero el hecho de hacer también el master de movimiento-terapia me liberó de muchas cosas, de muchos prejuicios a nivel técnico y físico y eso me ayudó a encontrar mi propio movimiento, en el que podía estar mezclando técnicas y pasos diferentes, una cosa de jazz con una de contemporáneo y mezclarlo también con algo de danza del vientre, porque así es como más identificada me siento en este aspecto. También me interesa mucho lo que es el trabajo emocional dentro del movimiento y es lo que intento trabajar en los cursos un poco más avanzados, con quienes llevan más años bailando. Porque creo que al inicio los principiantes tienen que tener un trabajo más técnico, de saber qué están haciendo y cómo lo están haciendo, para poder después trabajar la parte más emocional... de proyección emocional.

¿Qué te ha aportado tu experiencia como profesora?
Mi trabajo como profesora me ha enseñado mucho de las personas y de mí misma. Me ha enseñado sobre las mujeres, he aprendido de mis alumnas, y más a nivel personal y emocional, pero me han enseñado también mis limitaciones, me han empujado y gracias a ellas he crecido mucho. Recuerdo que hice el master porque necesitaba herramientas para entender por qué las alumnas a veces no evolucionaban. Pensaba que quizá era problema mío, que quizá era yo la que no lo hacía, pero aprendí que yo debía evolucionar aprendiendo a reconducir y dirigir a un grupo o a personas que no encontraban su espacio o su manera individual de crecer.

¿Qué espacio le otorgas al folklore?
A mí, como bailarina y como maestra, el folklore me ha parecido siempre la base. Evidentemente, cuando piensas en folklore es algo que tienes que vivir y sentir. No es lo mismo llevar una danza concreta de un pueblo del

Senegal y bailarla como folklore típico de allá que llevarla a un escenario. No tiene nada que ver el tipo de energía que se crea cuando se baila en estas dos circunstancias concretas. Por lo tanto el trabajo de incluir folklore en un escenario, a pesar de que es algo que me encanta, hay que ir con cuidado. Muchos folklores tiene una base de trance, son movimientos muy repetitivos, continuos, y pueden estar tranquilamente media hora bailando de la misma manera con los mismos movimientos, y esto a un público que va a ver un espectáculo de danza le cuesta más de digerir.

El folklore gusta a las alumnas pero lo encuentran más difícil, porque tienen que ser movimientos más naturales, que salgan de dentro, y a nivel técnico tienen que practicar continuamente porque coordinar hombros y cabeza a la vez no es sencillo.

¿Qué es lo que más te piden las alumnas?

Bailar. Algunas sí se interesan por entender el movimiento y la expresión, pero la mayoría quiere bailar, sudar, pasarlo bien y reir...

¿Cómo organizas los elementos de un espectáculo?

Siempre me ha gustado mezclar fotografía, imágenes, danza, teatro, texto... más que nada para dar a entender de la forma más clara posible las ideas o los sentimientos que he tenido ganas de expresar a través de un espectáculo.

Muchas veces monto un espectáculo a partir de una canción o de una pequeña idea. Por ejemplo, en el último que realizamos para el Museo Nacional de Arte de Cataluña usamos poemas de poetisas andalusíes y mezclamos música, teatro y danza para trabajar sobre la obra del pintor catalán Josep Tapiró, que vivió muchos años en Tánger. Me inspiré en sus cuadros para hacer el vestuario y los detalles del escenario. A veces es una pequeña idea o un pequeño toque que me permite llenar una hora de espectáculo. Los retratos de Tapiró me llevaron a incluir la poesía para dejar entrever tanto lo que sentía el cuadro como lo que sentía el pintor.

¿Cuáles son tus canciones favoritas?

Normalmente para bailar me inspiran canciones que tengan un poco de todo, un poco de fuerza, pero también sutileza, un poco de raíz pero también de soltura y de dejarse ir... podríamos decir un poco de tierra y un poco de aire. Las instrumentales me gustan mucho, o incluso bandas sonoras; con un punto de oriental mezclado con occidental. Las clásicas también me gustan, pero quizá más para dar clases o para algún *show* específico.

Háblame de tu vestuario

Cuando empecé a dedicarme a la danza, a los 18 años, me parecía un escándalo tener que gastarse tanto dinero en un vestuario pensando en los niños africanos que pasaban hambre y pensaba: "Dios mío, eso es una barbaridad. Tanto dinero para una actuación de 5 o 10 minutos" Luego ya entendí que el vestuario forma parte del trabajo, pero aún así sigo en la misma línea. Pienso que la danza es la danza y que puedes bailarla desnuda o en pijama y si pudiéramos salir en chándal a los escenarios sería fantástico. Yo me encargo de que el vestuario sobre todo sea cómodo y no moleste y... quizá sí resulte un poco sobrio o serio (o incluso soso) comparado con otros vestuarios típicos de la danza del vientre, pero es con el que me siento identificada. Supongo que no tengo 1000 euros para gastarlos en un traje, pero aunque los tuviera me seguiría pareciendo escandaloso gastarlos así.

¿Cómo ves la danza del vientre actualmente?

Creo que hay un pequeño cambio. Todo el mundo está buscando nuevos lenguajes dentro de danza oriental o danza del vientre. Me da esa sensación. Creo que toda esa floración de tribal-fusión, gótico-tribal, etc. es porque hay mucha gente que necesita encontrar otra línea de expresión a través de la danza oriental.

¿Qué te inspira para bailar?

Últimamente me inspira mucho Armand Amar, compositor de *La fuente de las mujeres*. Me gusta también mucho Mª del Mar Bonet, la banda sonora de Caótica Ana. Estoy trabajando también com Mahmoud Fadl, que me encanta como compositor... y podría decirte una lista muy larga...

¿Has actuado en Marruecos?

No, he actuado por Europa. No he bailado en países árabes y tampoco sé si tendría muchas ganas de hacerlo. Además, con mi estilo medio contemporáneo no sé si calaría demasiado.

Ximena Mart

Entrevista realizada vía correo electrónico en 2015

¿Cual es tu primer recuerdo de danza oriental? ¿Qué te empujó a adentrarte en ella?

Nunca me había llamado la atención la danza del vientre antes de asistir a mi primera clase. La lejanía de Chile en 1981 con culturas del Medio Oriente era tanto física como cultural. Hay una gran colonia palestina que seguramente bailaba en sus fiestas, pero no se veía públicamente la danza del vientre, nadie la practicaba y no había clases. Años de toque de queda durante la dictadura militar congelaron la vida cultural y no se salía de noche.

Mi hijo acababa de nacer y buscaba volver a la actividad física, pero no me sentía atraída a gimnasios tradicionales. Una amiga junto con una bailarina de BellyDance norteamericana daban un curso de Psicocalistenia, meditación y danza del vientre. Podía llevar a mi bebe de semanas, quien era mimado por los maridos de las dos profesoras,

Yo ya llevaba en el cuerpo 10 años de ballet, varios de Tai Chi y otras artes marciales, disciplinas de gimnasia consciente, meditación en cada órgano, hueso, músculo, chakra, danza africana, salsa, y asidua de discoteca. No creía que hubiera algún movimiento que nunca había hecho. Eso fue lo primero que me cautivó. Una manera totalmente nueva de moverse, no tenía idea de la interminable variedad de movimiento que se podía hacer con las caderas, con el pecho, con los hombros, con las manos, con los dedos, todo esto ligado a la maravillosa música, lúdico, entretenido, fascinante, cada movimiento actuando como un masaje, soltando y llenando de luz cada célula de mi cuerpo. Un flechazo.

¿Cómo fue el paso de alumna de danza del vientre a profesora? ¿Cómo ha sido tu experiencia como docente en este campo?
Comencé con un grupito de amigas y vecinas en mi casa, nos juntábamos una vez por semana y fue tal el entusiasmo que cada vez éramos más, ninguna faltaba, y siempre llegaban con alguna amiga más. Si alguna vez debía suspender el encuentro les parecía terrible, y el espacio se fue haciendo chico. Así fue que propuse alquilar una sala y me comprometí a dar clases regularmente.

Era en los años 80, no había ningún material de estudio como todo lo que existe actualmente con fácil acceso por internet, ni sabia con quién aprender más en Chile, eso fue lo que me motivó a viajar a Europa y a Egipto, y a aprender todo lo posible para poder enseñar con propiedad.

 En Chile se bailaba muy poco en general, había pocos gimnasios y una tendencia al sedentarismo. Muy diferente a otros países de latinoamérica donde el baile es parte importante de la cultura, como por ejemplo en Brasil, o en los países del Caribe. Sin embargo, o tal vez por eso mismo, la danza del vientre fue una propuesta muy atractiva. Cada vez que me preguntaban a qué me dedico, por parte de los hombres recibía una mirada de inspección a mi cuerpo, ya que la danza estaba asociada al cabaret y a la sensualidad. Por parte de las mujeres: alumnas y más alumnas. Hoy en día la danza está tan generalizada que ese prejuicio prácticamente ha desaparecido. Ahora se enseña en gimnasios, escuelas de danza, centros comunales, en empresas, en carceles de mujeres, y además la practican cada vez más hombres.

Siempre me fascinó ver la rápida transformación de las mujeres, cómo los múltiples aspectos de la danza calzaban con todas justo donde más lo necesitaban, empoderando a las tímidas, sanando heridas del ser femenino, redescubriendo el cuerpo y el placer de moverse, centrando a las dispersas, relajando a las tensas, trayendo alegría y vitalidad para todas. Muchas veces me dijeron que el día de clase era el mejor de la semana, y otros muchostestimonios de los beneficios que iban encontrando. Fue maravilloso poder dedicarme a algo que amo y que me hacia tan bien como a mis alumnas.

¿Cómo ves la evolución de la danza del vientre en los ultimos 30 años?

El concepto de clase de danza del vientre no existía, la danza se aprendía por imitación. Al expandirse desde el Medio Oriente a través de Alemania y Estados Unidos encontró cultoras con formación en otras disciplinas corporales, en música, terapeutas, educadoras, y un amplio abanico de profesiones que aportaron sus conocimientos y profesionalizaron la enseñanza. Comenzaron a llevar maestros/as nativos a sus países y a viajar al Medio Oriente.

Los pasos y sus variaciones se analizaron, se desarrollo su técnica, se hicieron coreografías, y esto que parecía contravenir la esencia relajada e improvisada de la danza del vientre finalmente permite que se aprenda cada vez más rápido, y proporciona un vocabulario mayor para poder interpretar las sutilezas de la música y también para improvisar.

En el año 2000 comenzaron los grandes festivales en Egipto movilizando cientos de bailarinas de todo el mundo e incrementando la internacionalización y el intercambio. Entre ellas, muchas mujeres asiáticas, de China, Japón, Corea, Singapur, que han llevado a un impresionante auge actualmente en esos países, que ya tienen múltiples seminarios y festivales internacionales. El formato de estos festivales permite tomar varias clases en un solo día, conocer varios estilos y maestros, conocer colegas de todo el planeta, y brindan un escenario y orquesta para presentarse. No solo las bailarinas extranjeras aprendieron de las nativas, sino que estoy viendo que las nativas incorporan movimientos que ven en las bailarinas extranjeras.

Otro cambio que se observa es la proliferación de bailarines masculinos. La danza del vientre era exclusivamente femenina, si bien había hombres nativos enseñando, era inconcebible en el Medio Oriente un hombre interpretando esta danza. Actualmente hay cada vez más bailarines, extranjeros y nativos, enseñando y bailando públicamente.

Finalmente la masificación de YouTube y las redes sociales está permitiendo ver presentaciones en todo el mundo al poco tiempo de que ocurran, tomar clases de música y danza con múltiples maestros, estar al tanto de los eventos y seminarios, escuchar música, buscar información histórica, letras y traducciones, comunicarse con otras bailarinas y músicos al instante, y mucho más. Lo que hoy se puede ver y aprender en solo un día supera lo que antes podía hacerse en un viaje de varias semanas.

¿Cómo ves su futuro?

Debido a la globalización de la danza del vientre estaremos viendo fusiones con todas las culturas que está alcanzando. Por ejemplo, ya está totalmente establecido como elemento de danza el abanico con cola de seda natural, que proviene de China.

Los festivales internacionales y las relaciones que allí se gestan, están produciendo amistades, invitaciones, viajes y eventos, y también un intercambio que va elevando la destreza y los conocimientos. Allí se juntan la ex bailarina clásica rusa con la terapeuta corporal alemana, la sufí turca, la hippie de Ibiza, la Bellydancer neoyorquina; excelentes bailarinas de todos los continentes aprendiendo y enseñando.

Este intercambio está subiendo el nivel técnico, las destrezas pedagógicas, los conocimientos fisiológicos y anatómicos, los conocimientos históricos, antropológicos, musicales, teatrales, la producción de eventos, vestuarios, todos los conocimientos de los distintos aspectos de la danza se verán beneficiados por el acceso físico y por internet al aporte de tantas diversas mujeres de todo el planeta.

A pesar de esta gran profesionalización, también nos encontramos con el polo opuesto... ¿Has visto la que está de moda ahora en Cairo? Se llama Safinaz: Un agitar de pechos sobredimensionados con vestuario de conejita Playboy. No se sabe si reír o llorar. Está con contratos por un año y medio, le pagan una barbaridad y todo el que se precie la quiere en su boda. Nunca entendí porqué les gusta a las mujeres.

También veo una tendencia creciente a que cada vez más hombres enseñan y bailan la danza del vientre. Esto va de la mano con la valorización y el desarrollo del lado femenino de los hombres, y con la aceptación de todo tipo de expresiones sexuales.

Devorah Korek

Transcripción de la videoentrevista realizada
en el taller de Devorah en Barcelona en 2015

¿Cuándo decidiste dedicarte la danza del vientre?

Yo empecé a bailar a los seis años ballet, luego claqué, gimnasia rítmica, luego hice jazz y contemporáneo. Y a los 17 años encontré la danza del vientre por casualidad y empecé a bailarla un poco por azar, estando en una compañía de danza jazz en mi ciudad natal. Pero fue pasados 25 años que realmente tomé conciencia que habia dedicado mi vida a la danza del vientre. Porque yo empecé al final de un boom. De hecho he vivido dos booms, el segundo después de llegar a España. De hecho no fue una decisión sino que fue más bien dejarme llevar, fluir...

Mirando retrospectivamente me doy cuenta de puntos claves a lo largo del camino. Quizá éste es el destino. Nunca he tenido el plan de tener una carrera o llegar a algún sitio. Ha sido el azar... Porque yo llegue a España con mi compañero, dos maletas y ni una sola lentejuela en el equipaje.. Pero alguien me reconoció y después de insistir consiguió que volviera a bailar, de manera que entré otra vez en el mundo de la danza.

¿Cómo fue la elección de tu nombre artístico?

Mi nombre de nacimiento es Bonnie, pero aunque a mí me gusta no tiene demasiado exotismo para una bailarina de danza del vientre. Así que usé mi nombre judío, el que me pusieron en la escuela y que en ingles sí que suena exótico.

¿Cuál es el ambiente que encontraste en tus inicios? ¿Cómo fue tu formación?

Cuando empecé me encontré dentro de un mundo que no conocía bien; no hablaba ni una palabra de árabe y nunca había trabajado realmente en danzas étnicas. Empecé con una mujer a la que tenía que convencer para que nos diera un curso, yo misma tuve que organizar a las alumnas... nos dio 10 clases de 90 minutos por 25 dólares. Todavía me acuerdo...algo realmente increíble en el año 1976. Luego fui a la única escuela que había en mi ciudad y vi que había chicas que bailaban profesionalmente, que hacían actuaciones en bodas y que iban a bailar a los restaurantes árabes. También había oportunidades para hacer cosas en los mercados medievales y cosas de este tipo. Yo realmente no tenía intención de hacer nada, pero mi maestra me pidió hacer una actuación y esa misma noche vino alguien y me ofreció actuaciones. Estaba poco preparada pero lo hice porque me pareció divertido.

Y entonces el ambiente era como... totalmente desconocido, y el mundo de las bailarinas ya te puedes imaginar, todo el mundo mirando qué hacían las demás, y yo no sabía nada de nada, hice lo mío sin pensar demasiado. Fui consciente de mis limitaciones y cuando empezaron a salir más actuaciones me lo tomé un poco más en serio y empecé a buscar información, que en aquel momento, dos décadas antes de que la gente empezara a utilizar internet, no era fácil. Estuve viajando y en cada ciudad de los Estados Unidos en la que me encontraba iba buscando en las páginas amarillas bailarinas que estuvieran bailando en restaurantes árabes para luego acercarme a conocerlas. Iba al restaurante a verlas y, si me gustaban, les pedía si podía darme clases. Así que hice un montón de clases con un montón de bailarinas "desconocidas". Y aprendí muchísimo de muchísima gente. Y fui sumando todo dentro de un estilo propio, intentando no copiar a nadie.

¿Cómo decidiste hacerte profesora?
Tampoco fue una decisión. Alguien me propuso dar clases después de estar actuando 5 o 6 años, aunque yo no me consideraba suficientemente formada para ello. Una curiosidad: aquí la gente se lanza a ser maestra antes de tener experiencia como bailarina, y esto me ha costado de entender, porque creo que se requiere muchísima experiencia para hacerse maestra. Así que para convencerme, me propuso un cambio: clases por masajes. A partir de ese momento, primero se sumó a las clases una amiga suya, luego fueron 6, luego 10, hasta que tuve que buscar un espacio porque en mi casa ya no se cabía. Llegué a un acuerdo con una escuela de danza por el que me dejaban el espacio para dos clases semanales y a cambio sus alumnas podían venir a mis clases de forma gratuita.

Me he apoyado en los intercambios en toda mi carrera. Me encanta hacer intercambios. Porque bailar para mí nunca me ha parecido realmente trabajo. Tardé varios años en entender que la danza podía ser un negocio. Al final tuve una escuela, con diez maestras, dos secretarias y llegábamos a atender a casi 400 alumnas cada semana. La escuela estuvo en marcha durante más de 20 años. Ahora hace casi dos años que he cerrado la escuela. Me he vuelto a empequeñecer de modo maravilloso. Por cambio de proyectos, de visión de a dónde quiero dirigir mi vida. Así que dejé el local, las maestras se fueron todas a tener éxito por su propia cuenta. Estoy superorgullosa de todas a ellas y las llevo en mi corazón. En este momento doy clases particulares, hago formaciones y algunas clases de grupo entre semana. Actuar ya lo hago muy poco y en ocasiones especiales, como talleres o espectáculos en el extranjero con bailarinas locales...porque con la edad que tengo...ya no es mi papel.

Háblame un poco más de tu formación y tus maestros
Son muchos años, he estudiado con muchísima gente. Quiero dar crédito a mi primera maestra de verdad en Mineápolis, Minesota: Cassandra, porque

estuve 8 años en su escuela. Antes estuve con otras dos personas...después ha sido un no parar. Cualquier persona que ha venido a mi ciudad para impartir un curso intensivo yo me apuntaba. Me daba igual quién era y cuál era su especialidad, simplemente quería aprender todo lo que pudiera. Y luego están Mahmud Reda y Farida Fahmy, por supuesto sin ninguna duda. He estudiado mucho su trabajo y han influido en mi estilo. Son dos personas que tengo en gran estima y respeto.

La vida me ha formado porque he ido estudiando muchísimos temas alrededor del movimiento y la expresión corporal, tanto yoga como chi kung, tai chi, teatro, body contact... tantas cosas... la danza del vientre es una fantástica danza, porque además de ser tan bella te permite trabajar a nivel energético.

Ése es por lo menos el enfoque de mi método Sarabi, que significa mi espejismo. Es como la toma de conciencia de que me puedo mover dentro del espacio con unos pocos fondos básicos. Puedo ir delante-detrás, lado-lado y arriba-abajo... ¡ya está! Estamos atrapados en las tres dimensiones, pero la forma es infinita en su variedad. Si tú coges estos conceptos, sientes el suelo, te dejas vibrar por la expresión emocional de la música, sabes cómo escuchar las frases...entras en un espacio algo divino en que no estás bailando tú, sino que estás siendo bailada por la música. Y esto es una experiencia difícil de describir, pero es una forma de tocar el éxtasis. Es algo muy bonito y éste es mi objetivo y mi desafío a compartir con las alumnas: de dar ese secreto, de llegar a este punto intentando disfrutar del camino y sin sufrir por la técnica, haciendo como piña con las demás a las que les interesan las mismas cosas.

¿Qué te ha aportado esta danza?
Esta danza me ha traído tantos beneficios... Gente que ha entrado y a veces salido de mi camino, con quienes hemos tenido experiencias divinas; te mantiene en forma, porque hay tres grandes pilares de ejercicio: resistencia muscular, flexibilidad y estado cardiovascular. Y esta danza toca justamente de modo muy equilibrado las tres cosas. Es una manera fantástica de mantener el cuerpo y mantener la conexión mental, emocional y física.

¿Cómo ves la danza en los últimos 30 años?

Si quieres tener éxito hoy en día tienes que saber *business*. Es más negocio que danza. Antes lo hacíamos porque era divertido y muy poca gente se dedicaba a ello. No se veía como una carrera potencial. Ahora ya no hay talleres de fin de semana, sino que sobre todo festivales. Esto es lo que se ha popularizado. Se ha cambiado incluso el estilo. Yo aprendí el estilo clásico, pero ahora estoy poniendo atención cada vez más en los nuevos movimientos de tipo moderno egipcio, e incluso diría postmoderno egipcio, porque también ha cambiado la música. Antes las bailarinas usaban música árabe clásica. Y hoy en día baila muchas veces con las canciones populares que se oyen en las discotecas. Esto ha exigido también un cambio energético. La música es mucho más insistente, pide más del público, pide dramatismo, exuberancia. Ha ido un poco a la par con los cambios de la vida en general, porque estamos viviendo a un ritmo acelerado y esto ha influido en los estilos de la música. Todo es más instantáneo. Es importante mantener la atención de la gente, así que todo tiene que ser más grande, más color, más ruido, más rápido. Y más comercial.

Algunos cambios, como internet, es fantástico para la educación de la gente y el intercambio cultural. Podemos acceder a un nivel de información impensable antes, difundir nuevas tendencias, adquirir materiales y recursos. Cuando yo empecé, si querías comprar algo como un pañuelo con monedas, te lo tenías que hacer tú misma.

¿Qué te dice el nombre de Shokry?

Shokry Mohamed... me da nostalgia sentir este nombre. Porque fue una persona que te hizo sentir sobre todo. Por eso no es escuchar sino sentir su nombre. Me impresionó mucho la primera vez que le vi bailar. Cuando me acerqué a él y empezamos a hablar yo llevaba muy poco tiempo en España y como él se había operado de las cuerdas vocales me costó muchísimo entenderle. Fui a Madrid más de una vez para recibir clases de él. Para mí fue un enorme honor que me invitara como maestra principal y bailarina al primer festival que hizo en Madrid. Shokry era el plato fuerte de la danza del vientre en España. Tenía una manera única de comunicar la belleza de esta danza. Nunca he visto un bailarín como él.

¿Qué músicas son las que te gustan?
Um Kalzum y los grandes compositores de la era dorada de Naima Akef, Samia Gamal y Tahia Carioca: Mohamed Abdel Wahab, Badi Baleigh Hammdy, Abdel Halim Hafez... los clásico. Ya sé que queda bien decirlo, pero realmente ya no hacen música como la hicieron ellos y además son las canciones con las que empecé a bailar... Tengo que hacer próximamente una actuación y voy a utilizar una canción que llevo bailando por lo menos 35 años. Fue mi primera canción favorita; se llama *Habibi ya Eini*, de una cantante libanesa, Maya Yazbek. Ha sido versionada y remezclada en todo tipo de estilos (flamenco, hip-hop, electroshaabi...) pero yo lo voy a hacer estilo baladi, como la versión original. Hay un fantástico compositor egipcio, Maher Kamel, que es joven y ha realizado una compilación para mí; es el compositor que trabaja para Farida Fahmi, ella fue quien me lo presentó. La música moderna... sí, está la lista de la Cadena 40 de los más populares en El Cairo...hay un montón de artistas muy buenos, pero yo me quedo con el clásico. Será por mi edad, pero creo que no se puede reemplazar.

¿Algún consejo para nuestras lectoras?
Recordemos siempre que esta danza es para disfrutar. Se ha puesto muy de moda hacer concursos, y a mí no me entra la idea de la danza del vientre para competir. COMPARTIR es para mí lo más importante. Hoy la gente está buscando destacar a cualquier precio, pero es más difícil por tanto ajetreo que hay en la danza, así que recuerda que esta danza es personalizada, cada uno tiene un estilo absolutamente único. El vientre es el punto central a nivel energético. Sería fantástico si nos concentráramos en compartir y disfrutar en vez de llegar y competir. Deseo que seáis felices bail

ANEXO 2

Selección de críticas y artículos de la autora

Voces NubiaS

Mª Elena Morató

La obra de dos singulares artistas nubios, el músico Hamza Ed-Din y el bailarín Shokry, propicia una reflexión que profundiza en el conocimiento de lo que es y significa la creación en el universo musical árabe-islámico.

Es en estos días de canícula, cuando uno extiende sobre la mesa los apuntes, programas, recortes de periódico y fotocopias que ha ido acumulando a lo largo de la temporada, que se decide a veces a dar cuerpo a ciertas reflexiones, puntualizando y clarificando la lectura de algunos acontecimientos culturales que por sus características minoritarias suelen quedar relegados a la noticia puntual. Esto es lo que ocurre con los ciclos, conferencias y otras actuaciones en los que el arte de los países del norte de África y Oriente Medio tiene seguidores incondicionales pero un escaso eco en los medios de comunicación, debido quizás a una falta de conocimiento de los propios periodistas que impide la vertebración crítica de un latente, constante, aunque disperso interés por estas manifestaciones.

Hace ya bastantes años que sigo, aunque no exhaustivamente, la evolución y planteamientos de las manifestaciones musicales del universo árabe-islámico, desde aquellos tiempos en que uno tenía que ir a París a comprar, casi siempre a ciegas, discos que al pasar los años se han revelado pequeñas joyas, y cuando las únicas referencias de cantantes o grupos nos llegaban a través de comentarios personales y revistas extranjeras. Hoy, a pesar de que el mercado europeo ha dejado una puerta abierta a la expresión de otras culturas (los festivales y los programas dedicados a músicas de otros continentes constituyen la principal vía de introducción) es necesario constatar que el interés que despiertan viene impulsado, desde aquí, por una tendencia neorromántica que sigue creyendo en conceptos que se han revelado bastante imprecisos - como «exótico» o «étnico», sobre el que volveremos más adelante- y, desde los propios países en que se desarrollan, por una idea muy controvertida de lo que había de ser una «vuelta a los orígenes», idea que desde hace casi dos décadas viene siendo el caballo de batalla de muchos artistas en todos los ámbitos de la creación (plástica, literaria y musical, pero también arquitectónica). Ha sido bastante dura, intelectualmente hablando, la controversia entre los que opinaban que para llegar a una expresión auténticamente contemporánea era necesario olvidar o alejarse lo más posible de cualquier rastro de lenguaje o medio tradicional, y aquellos que renegaban del más ínfimo amago de incursión a nuevas experiencias (hibridatorias por necesidad). Con el tiempo estas dos posiciones han ido suavizando sus planteamientos y hoy ya no parece necesario inclinarse hacia uno u otro lado de una forma excluyente.

Así, el posicionamiento de los artistas no occidentales ha sido a partir de los años ochenta, y de una forma bastante clara, un distanciamiento de la dinámica de occidentalización que se impuso desde los años cuarenta y sobre todo a partir de los sesenta, y que estuvo a punto de arrinconar formas, métodos e instrumentos que la tradición había conservado durante siglos. El desprestigio que la palabra «tradición» había soportado entre las clases acomodadas de muchos países, preocupadas por una integración de formas con el poder internacional, llevó a situaciones tan paradójicas como la de impedir oficialmente el registro de los cantos de algunas tribus bereberes aduciendo la inexistencia de dichas tribus nómadas. Sin embargo, en estos últimos tiempos se ha puesto reiteradas veces en tela de juicio la bondad de una virtual y ortopédica «universalización» del arte y de la cultura, y se ha vuelto a valorar en su justa medida el legado del pasado, llegando a un equilibrio, en la labor de creación, entre los nuevos y los viejos lenguajes, distintos tiempos y en ocasiones irreconciliables instrumentos. Basta recordar aquí el revuelo que supuso en la década de los cuarenta la ampliación de la formación musical tradicional (que consta, según las regiones de cinco a diez músicos) mediante la incorporación de nuevas voces e instrumentos (violines, piano...) y más adelante, con la llegada del pop, los estragos que causaron guitarras eléctricas y sintetizadores. La razón: la imposibilidad material de tocar con ellos los los cuartos tonos, empobreciendo así la calidad musical y el carácter propio de las composiciones. Afortunadamente, esta fiebre pasó y renació el interés por la recuperación y salvaguarda de los trazos culturales heredados del pueblo a través no de la cultura oficial sino de la popular. Es en este contexto que se inscribe la labor persistente y continuada de Hamza Ed-Din y Shokry, esos dos representantes de la Nubia profunda que musican y bailan con el corazón anclado en la tierra, rescatando los trazos del pasado para enriquecer el arte de hoy. El encuentro breve y emocionado que estos dos personajes tuvieron en Barcelona fue el ejemplo de dos generaciones que trabajan por la divulgación del patrimonio cultural vivo, no escrito, del propio país. En el caso de Hamza Ed-Din una labor que nació a raíz de la construcción de la presa de Assuan, hecho que vio una gran movilización del pueblo nubio. En el caso de Shokry, a partir de sus giras con el Ballet Nacional de Egipto y de su posterior independencia profesional en el extranjero.

Hemos mencionado antes el concepto de «étnico» referido a la música, tan en boga en la actualidad y con la que no están de acuerdo muchos de los músicos considerados como tales. Creo que es muy ilustrativa una frase del mismo Hamza Ed-Dîn referida a esta idea y que nos permite una profunda reflexión: «No creo que toque música étnica de Nubia como no creo que una orquesta sinfónica toque música étnica de Europa. Lo que yo toco es la música del mundo». Efectivamente, tanto en música como en danza, la pervivencia de lo tradicional en repertorios de fusión supone un enriquecimiento del arte en tanto que comunicación universal.

De la música

Hamza Ed-Din actuó la pasada primavera en un breve pero intenso ciclo de música que tuvo en la suya y en la del sheik egípcio Barrayn dos actuaciones memorables. Nuestro persistente desconocimiento de los más elementales trazos culturales de los pueblos del Mediterráneo sur y Próximo Oriente hace que estas esporádicas citas adquieran a veces un valor casi emblemático. Las voces que se afanan en hacernos partícipes de una riqueza artística heredada de tantos siglos y prolíficas civilizaciones quedan siempre como una excepción que, cita a cita, va recordándonos qué todavía tenemos, a pesar del esfuerzo de algunos promotores, un vacío cultural que nunca acabamos de llenar. Y la recuperación o establecimiento de puentes culturales, algo en lo que continuamos estando a la zaga, sigue siendo una de nuestras asignaturas pendientes, aún dentro de nuestra propia península. Son estos puentes los que nos permitirían conocer paralelismos y filiaciones de géneros y estilos que se interpretan a cientos de kilómetros de distancia y que nuestro oído acerca de un modo intuitivo (de pronto descubrimos una cierta unidad entre los fandangos del Niño de la Huerta y el canto shaabi argelino, por ejemplo). Son estas carencias en el estudio comparado que hacen especialmente interesantes iniciativas como la del pasado seminario de musicología árabo-musulmana organizado por el Institut Català d'Estudis Mediterranis. El respaldo teórico propiciado por musicólogos tan conocidos como Habib Hassan o el tunecino Mahmud Guettat es el que se encarga de corroborar los caminos establecidos previamente a través del conocimiento directo y a veces casual.

Aquella conocida metáfora que compara la música árabe con el curso de un río (una larga trayectoria que es siempre igual y siempre distinta, con sus rápidos, sus meandros y su curso lento) nos ilustra muy claramente sobre el carácter del repertorio clásico, que se remonta a la Nawba del siglo VIII que, procedente del Bagdad abásida y a través de Córdoba y su escuela andalusí, se enriqueció con contribuciones persas, kurdas, greco-bizantinas, armenias, turcas, indias y balcánicas. Los distintos nombres que en los diversos países recibe este género (fasil en Turquía, wa-al en Siria y Egipto, maqam en Iraq, radif en Irán, raga en la India, etc.) no hace sino corroborar su universalidad. Uno de los trazos fundamentales de esta música de carácter modal es su tradición oral (ausencia de toda grafía musical), que favorece la improvisación sobre diversos ciclos rítmico-melódicos que estructuran la composición. El hecho de utilizar tanto textos poético-literarios (en qasidas, zéjeles, moaxajas, etc.) como populares (en lengua dialectal), encabalgando lo sagrado y lo profano, es signo de lo cercana que esta música está de lo cotidiano. Su unidad sustancial queda enriquecida debido al extenso ámbito geográfico que abarca, con unas diferencias de forma y de ejecución que dictan la tradición local y el genio popular de cada región y que pervive todavía en las manifestaciones de celebración más modestas. Las canciones, las danzas, no se transmiten oficialmente (no se enseñan en las escuelas) sino que pasan a las nuevas generaciones en las reuniones familiares y comunitarias, en un aprendizaje esencialmente vivo. De este modo se puede considerar a la tradición popular (rural y urbana) como la que mantiene viva esa antigua y clásica tradición culta, estableciendo un sutil nexo entre dos mundos en apariencia distantes.

Hamza Ed-Din en el Mercat de les Flors, Barcelona (1994)
Foto: Eulàlia Morató

Las exigencias de divulgación de las obras en occidente contribuyó a un reajuste en la extensión temporal de las piezas interpretadas, que vio reducida su duración media (recordemos los tres cuartos de hora de las piezas de Barrayn) mediante la condensación en los tiempos y las estructuras para hacernos más abarcables a nuestro compartimentado oído. Eso mismo ha ocurrido también con las piezas adaptadas para la danza, cuya ejecución exige una estructura, que sin ser exclusivamente larga, incluya los trazos fundamentales.

Y de la danza

Mientras escribo estas líneas, Shokry, que ha recorrido todo el Mediterráneo y la vieja Europa con sus bailes, y que es además fundador del Grupo Hispano-árabe de Danza, y el alma de un concurrido y activo círculo de arte, ultima en Madrid las correcciones de su libro sobre historia de la danza oriental, maravillosamente documentado en su parte gráfica con pinturas, esculturas y fotografías (algunas inéditas) que abarcan desde el período faraónico a principios del siglo XX, evidenciando los lejanos orígenes y múltiples fuentes de la que es considerada la danza clásica del mundo árabe. El paralelismo que se establece entre música y danza se evidencia tanto en sus estructuras rítmicas básicas como en el estilo ornamental, que ambas han ido adquiriendo a lo largo de la historia y de las sucesivas influencias culturales recibidas. Han sido los distintos pueblos que han actuado sobre el antiquísimo substrato primigenio los que han ido modelando la forma actual. Decía un maestro egipcio que la danza oriental (conocida también como danza del vientre) debía poseer la elegancia y grandiosidad faraónicas, la rotundidad africana y el refinamiento y la sensualidad de la herencia turca. En la actualidad, la profesionalización a través de escuelas especializadas ha hecho evolucionar este baile de procedencia popular, que al perfeccionar y estilizar los movimientos básicos se ha erigido en un arte específico, de manera que resulta imposible emular los movimientos de las grandes bailarinas (pienso ahora en Tatiana Balashova, que está entre nosotros) sin un riguroso y continuado entrenamiento. Atrás van quedando, afortunadamente, mitos potenciados por la literatura romántica, heroínas y víctimas de diplomacias beligerantes, e imágenes equívocas difundidas a través del celuloide.

Esta progresiva profesionalización requiere, además de la habilidad de la ejecutante, un trabajo teórico anterior que unifique toda la riqueza que propicia la diversidad. En este sentido es primordial la labor que ejerce el coreógrafo, rescatando de las innumerables danzas folklóricas de los pueblos norteafricanos y del Oriente Medio (estudiados en un extenso trabajo de campo) los movimientos, que tomarán una dimensión clásica al transportarse a esta danza, que en perfecta simbiosis aúna la libertad y la mesura propias de los repertorios del vasto patrimonio musical.

Mª Elena Morató es periodista y crítica de arte.

HUSSAM RAMZY

MUSICA PARA OCCIDENTE

BLANCA M. MARE

El pasado mes de marzo el reconocido musico egipcio Hussam Ramzy estuvo en Barcelona y Madrid impartiendo clases magistrales de percusion y acompañando el taller de danza de la bailarina Serena. Gracias al esfuerzo de los promotores, el estudio de danza *Las Piramides* en Madrid y la escuela de danza *Devorah* en Barcelona tuvimos la oportunidad de entrevistarnos con el

Z.C.- ¿Por qué esta gira por todo el mundo?
H.R.- Básicamente porque, me guste o no, me han elegido algo así como un representante de la música, la cultura, la danza y el ritmo que existe en Egipto.

Z.C.- ¿Quién le ha elegido?
H.R.- El resto del mundo. Me llaman el embajador egipcio del ritmo. Mi objetivo es difundir mi cultura correctamente, de una manera que se pueda entender y aplicar. Por eso hago esta gira. También tengo la oportunidad de conocer gente maja, divertirme y ganarme la vida.

Z.C.- ¿Por un tiempo determinado?
H.R.- Hacemos la gira en dos partes. Estamos en la de primavera. Luego empezaremos la de otoño.

Z.C.- Usted ha colaborado con músicos occidentales, y por eso es muy conocido. ¿Qué ha aportado esa colaboración a su música?
H.R.- No me interesa demasiado lo que yo gano. Soy un hombre normal. El dinero que recibo lo gasto en mi música otra vez, en el arte mismo. Mi objetivo ha sido y será la difusión de mi cultura. Cuando empecé a hacer estas colaboraciones en los años 80 no había gente que supiera del sonido y la música de Egipto. Ahora es gracias al trabajo que estoy haciendo yo y otra gente que también está interesada en nuestra cultura (y no tienen por qué ser egipcios) que se está difundiendo. Los puntos de vista de cómo hay que hacerlo son sin embargo diversos. Estamos en un mundo de diferentes colores, nacionalidades, creencias, etc. para que podamos tener algo interesante que comunicar y conocer, no para matar. ¿Por qué piensa que las mujeres alemanas están tan interesadas en danza oriental? Porque les falta la ondulación, la femineidad, que las mujeres egipcias poseen. Del mismo modo, a las mujeres egipcias les gusta la danza occidental porque necesitan un poco de su rigidez, de su organización. Básicamente, tomo un poco de esto y lo doy allí, y viceversa.

Z.C.- Hábleme de la fusión de tradiciones musicales diferentes y del cambio que ello comporta.
H.R.- Cualquier fusión musical es eso, cualquier cosa con la que yo me envuelvo. Pero no siempre implica un cambio. A veces, la mejor manera de hacer fusión es poner un amarillo sin cambiar el color al lado de un azul. Puede ser que el azul se vea más bonito al lado del amarillo que si está solo, y lo mismo para el amarillo. Pero si los mezclas, puede salir también otro color bonito o puede resultar algo feo. Cualquier persona puede hacer fusión. Yo he recibido el don de poder elegir esas partes que encajan. A veces lo mejor es juntar la parte pura de cosas distintas, y a veces es preferible ver el azul a través del amarillo. A Peter Gabriel, por ejemplo, le gusta mucho la cosa pura. Cuando trabajaba con Led Zeppelin, Robert Plaint y Jimmy Page, tenía que poner el sonido de la calle de El Cairo, la música más tradicional de las bodas o de los campesinos, justo al lado del rock, como en la canción Cachemire. Pero con Lorena Mackennet hice cambios en los acentos tradicionales para acomodarlos a la música céltica que hace ella. Para todos estos procesos inventé la palabra *fusical*, o música de fusión.

Z.C.- ¿Qué quiere aportar a la música árabe o a la música en general?
H.R.- Lo que le falta, lo que necesita. No es sólo la música de Egipto, sino la forma en como hacen la música los árabes, los egipcios. Gastan mucha energía y tiempo en detalles e ignoran las cosas más importantes. Por ejemplo, han inventado una tabla de aluminio en lugar de cerámica y con plástico en lugar de piel, con lo cual no hay que

Bailar la Danza del Vientre

Hussam Ramzy

Z.C.- Usted últimamente ha trabajado mucho en música para danza, y creo que se le ha criticado por eso. ¿Es compatible la creación musical con este tipo de acompañamiento?

H.R.- Yo estoy haciendo lo que quiero hacer. Pero yo no hago sólo música para la danza. Hago música clásica, popular, folklórica. Trabajo en las mejores actuaciones en occidente, Europa, India; trabajo con los mejores nombres. La música es para la gente. Y es la gente ignorante la que cree que la música clásica es mejor. Parece que si tocas música popular o flamenco no vales nada, pero si tocas Mozart eres respetable.

Z.C.- Pero ahora se ha revalorizado mucho la música folklórica y tradicional.

H.R.- Sí, porque para nosotros música clásica es Chopin, Rachmaninof, Txaikowski, etc. pero esto era la música tradicional folklórica de la gente de esa época. Como productor de discos, a través de Arc Music, he hecho 35 discos de grupos tradicionales de Japón, Chile, México, India, Brasil, Oriente Medio, Turquía, China, Irán, Africa, etc. Estoy seguro de que la música folklórica será amada en todos los países porque el concepto de clásico en música no puede gustar a todo el mundo. Pero si pones música folklórica a una persona honesta, le gustará.

El idioma común en todo el mundo es muy parecido uno a otro, sólo que con un color diferente.

Z.C.- ¿Cree que la danza árabe necesita el apoyo de músicos como usted para ser valorada como arte en su justa medida?

H.R.- Sí y no. La danza está respetada por la gran mayoría de la gente que está en contacto con ella, pero siempre habrá ignorantes que crean que se trata sólo de hacer vibrar el cuerpo y que es una cosa no respetada por el mal uso que se hace de ella. Pero nunca puedes hacer que la gente piense algo que no quiere pensar. ¡Qué le vamos a hacer! La danza está en cada casa en el mundo árabe. La danza y la cultura sólo me necesitan para poder llegar a esta gente que normalmente no tendría la oportunidad, de forma que pueda ser entendido y luego pueda ser aplicado.

preocuparse por la temperatura o la humedad, y lo ponen en una bolsa de polivinilo que se rompe. Yo traigo de occidente la limpieza del sonido, la manera de presentarlo y hacerlo más asequible. A occidente les llevo un instrumento, un sonido nuevo, cómo utilizarlo, cómo adaptarlo a su propio estilo.

La música de oriente medio es como una pirámide. Según de qué ángulo se mire, puede parecer muy difícil de entender o puede gustar más fácilmente. Yo presento el lado más accesible de nuestra música. Los Beatles, por ejemplo, intentaron incorporar la música hindú a su música. Era una idea maravillosa, pero pusieron el componente hindú de forma muy profunda junto a música popular muy simple, y resultó demasiado difícil para aceptarlo. Si hubieran tomado una parte más asequible del ritmo, un pequeño toque, e incorporar algo de melodía, entonces hubiera sido más aceptado, porque aquellas no eran notas de dos, cuatro u ocho tiempos, sino que eran notas de dieciseis partes, muy difíciles de entender por el oído occidental. Lo que yo traigo de oriente medio es lo que podrá ser aceptado por el occidente. Las cosas son más fáciles de aceptar si se introducen gradualmente.

B.M. Maré

TRADICION Y CLASICISMO EN LA DANZA

DOS LENGUAJES COMPLEMENTARIOS

Mª VICTORIA AROCA / LUCIA GERTRUD

TRADICION Y CLASICISMO NO SON TERMINOS OPUESTOS, COMO TAMPOCO LO SON TRADICION Y CONTEMPORANEIDAD. A TRAVES DE ESTAS ENTREVISTAS A TRES BAILARINES CON ESTILOS DE DANZA Y TRAYECTORIAS PROFESIONALES TAN DISTINTAS VEREMOS QUE, EN AQUELLO VERDADERAMENTE ESENCIAL, LA EXPRESION MEDIANTE EL CUERPO Y LA MUSICA, TODAS LAS DANZAS CONVERGEN A TRAVES DE UNA SERIE DE ELEMENTOS QUE LES SON COMUNES. EL PENSAMIENTO, LA FILOSOFIA DEL MOVIMIENTO Y LA BUSQUEDA DE UN LENGUAJE A LA VEZ PARTICULAR Y UNIVERSAL QUE SEA ENTENDIDO NO SOLO CULTURAL, SINO SOBRE TODO EMOCIONALMENTE.

Shokry Mohamed

NACE EN EL CAIRO EN 1951. AFINCADO EN MADRID DESDE HACE MAS DE VEINTE AÑOS, HA CULTIVADO LAS DANZAS ORIENTALES DE TIPO FOLKLORICO, ESPECIALMENTE LAS NUBIAS Y EGIPCIAS. EN 1987 FUNDO EL *GRUPO HISPANO ARABE DE DANZA*, CON EL QUE HA PARTICIPADO EN DESTACADAS CELEBRACIONES Y FESTIVALES DE CARACTER INTERNACIONAL EN EUROPA, LOS PAISES ARABES Y SUDAMÉRICA. EN 1990 FUNDO EL ESTUDIO *LAS PIRAMIDES*, LA PRIMERA ESCUELA DE DANZA ORIENTAL EN ESPAÑA.

ZAQAFA-CULTURA: *¿Cómo surgió su interés por la danza? ¿Quiénes fueron sus maestros?*
SHOKRY MOHAMED: No es un interés que despertara de repente. En nuestra cultura el niño recibe desde muy temprano la influencia de la música y el canto, de la percusión y del ritmo. En El Cairo las gentes, a pesar de sus preocupaciones, cantan y bailan continuamente. En cuanto a mí, fue por un anuncio en la televisión que entré a formar parte del grupo de programas infantiles. Trabajaba de dos a cuatro horas. Tenía una verdadera obsesión por la danza. Muchos años después, al ver las películas de Fred Astaire, me di cuenta de que yo hacía lo mismo de pequeño. Cuando la gente empezó a invitarme a sus bodas, en ocasiones veía bailar a las mujeres escondido en un armario. A veces incluso no comía para poder comprarme una entrada para el circo y el teatro ambulante. También solía ir a las cofradías derviches y sufíes, en donde se practican danzas colectivas de trance de carácter religioso. Iba allá donde podía encontrar algo de música y movimiento. En cuanto a mi formación, mi primer maestro fue Fathy Andrawis, que me enseñó los ejercicios del ballet clásico. Esta formación me sirvió mucho porque es una técnica que transforma el cuerpo y lo forma. La técnica es la base del bailarín, pues de lo contrario la forma de bailar sería más débil.

Z-C: *En Egipto, debido a las circunstancias políticas, la escuela clásica rusa tuvo una gran influencia. Desde la perspectiva actual, ¿cuál fue su aportación? ¿sigue enseñándose hoy del mismo modo?*
Sh. M.: En los años 60, en la época de Naser, la mayoría de los maestros del Conservatorio y de los grupos de danzas eran extranjeros y venían del área soviética. Anatoli, Ramasin y Madame Alah, que se afincaron en Egipto hasta mediados de los años 70, fueron los que formaron el Ballet Nacional de Egipto. Ahora, la enseñanza ha cambiado. Los bailarines que tuvieron que aprender y buscar fuera de Egipto investigaron las danzas autóctonas del Alto Egipto y otras regiones. Por eso ahora la enseñanza va tomando un aire más auténtico, más en consonancia con nuestra personalidad.

Z-C: *Pese a formarse en la danza clásica, en sus coreografías sólo hay espacio para el lenguaje folklórico. ¿Rechaza el elemento clásico en su obra?*
Sh. M.: Quizá no lo parezca, pero yo no rehuyo lo clásico. Siempre doy un toque clásico en los movimientos que no puede encontrarse en el folklore, aunque sí en otros tipos de danzas rituales, como las del giro. También dejo un lugar para la fantasía, que, como parte creativa de la danza, forma parte del trabajo del coreógrafo.

Z-C: *¿Qué es para usted lo clásico?*
Sh. M.: Clásico es todo lo que es antiguo, lo que ha permanecido a través del tiempo. En danza, entiendo por clásico el Ballet, pero también considero clásica la danza

Nidal al-Shami

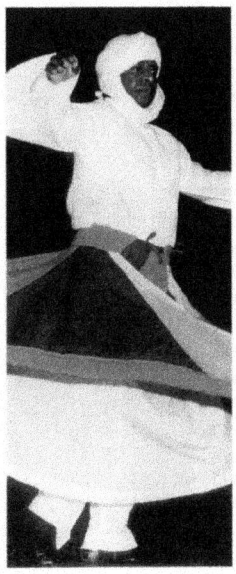

Shokry Mohamed

NACIÓ EN DAMASCO EN 1969. HACE TAN SOLO UNOS MESES QUE LLEGÓ A BARCELONA PROCEDENTE DE PRAGA, DONDE HA PARTICIPADO EN LOS ÚLTIMOS FESTIVALES DE DANZA DE ESTA CIUDAD. SU ESTILO COLORISTA, LIBRE Y A LA VEZ RIGUROSO, ENCUENTRA SU FORMA IDEAL DE EXPRESIÓN EN LAS COREOGRAFÍAS INDIVIDUALES.

del vientre, porque, aunque cada país tiene su técnica particular, se baila desde hace siglos en todo el mundo árabe.

Z-C: ¿Quiénes son, para usted, los mejores bailarines?
Sh. M.: Antonio Ruiz y Nureyev. Actualmente me gusta Joaquín Cortés. El espíritu gitano es similar al espíritu árabe: la misma fuerza, expresión, "rabia". El espíritu de la danza, sin embargo, es universal.

Z-C: ¿Cómo ve el estado actual de la danza en Egipto?
Sh. M.: La danza, sea folklórica o no, se mantiene a pesar de los conflictos. La danza sigue. No hay que olvidar que en oriente el baile forma parte de la vida.

Z-C: ¿Cuál es la situación de la danza árabe hoy?
Sh. M.: Desde fines de los 70 y con la diáspora de muchos bailarines, la danza árabe ha traspasado sus fronteras y se baila en todo occidente. Pero con la danza árabe pasa como con el flamenco: la que se baila de cara al turismo o la que se ve en el cine tiene un aspecto totalmente distinto, tanto en los ritmos como en las formas, a la que podríamos llamar "auténtica".

Z-C: ¿Cree que hay algún tipo de interacción o de influencia entre la danza árabe y la danza de occidente?
Sh. M.: Creo que la danza árabe sí ha influido en las danzas occidentales. Actualmente, el 60 por ciento de las danzas contemporáneas tiene elementos de la danza del vientre. Hay movimientos muy bellos que pueden ser bailados con cualquier música. Aunque esas influencias pueden ser buscadas o simplemente deberse a conexiones espirituales surgidas con los cambios de sensibilidad en el bailarín y en la sociedad misma.

Z-C: ¿Cree que puede existir el movimiento puro?
Sh. M.: Sí, sólo cuando baila la gente que no ha estudiado en ninguna escuela.

Z-C: ¿Cómo surgió su interés por la danza?
N. Sh.: La danza ha acompañado al ser humano desde los inicios de su presencia en la tierra. A través de ella y de sus múltiples movimientos, el hombre exteriorizaba sus sentimientos, ya fuesen de alegría o de disgusto. El baile, como medio de expresión, es anterior al lenguaje y otras formas de expresión, puesto que con el cuerpo el hombre manifestaba su alegría bailando alrededor del fuego después de la caza y, más adelante, al término de las cosechas.
Así como cada país tiene sus tradiciones, en Siria se forman grupos de bailes y danzas folklóricas con ocasión de las bodas o en las épocas de recolección en el campo. Yo participaba en estas celebraciones y fue así como descubrí mi amor por la danza.

Z-C: ¿Cuál fue su formación como bailarín y cuáles fueron sus inicios profesionales?
N. Sh.: Al finalizar los estudios secundarios me incorporé a un programa de formación de bailarines para su posterior admisión en la Compañía Nacional Siria Zenobia, y allí me preparé durante un año y medio. El programa incluía ballet clásico y moderno y contaba con la participación de profesores procedentes de Rusia y de la República Checa. Una vez que fui admitido en la Compañía trabajé en ella como bailarín durante unos años. Luego dejé Siria y me fui a Praga, donde ingresé en el Centro de las Artes de la Danza, adjunto a la Universidad Karl. Allí aprendí la metodología de los distintos tipos de danza, expresión corporal y pantomima, gracias a los profesores Vlasta Schneider, Ivanka Ribtova, Ivan Krup y Nelly Danko, así como a otros profesores que visitaban ocasionalmente el Centro, como Derek Oliafer y Brook Tayler. Posteriormente me admitieron como bailarín en la Compañía del Teatro de Praga y trabajé también con otros grupos, tanto en Praga como en Damasco, con los que participé en distintos espectáculos presentados en la República Checa, Siria y en muchos países árabes, además de la India, Japón, Alemania y Holanda.

Z-C: ¿Por qué escogió la danza contemporánea?
N. Sh.: La escogí porque es una forma ideal de expresión,

Bailar la Danza del Vientre

dado que en ella el cuerpo se encuentra totalmente libre para expresar cualquier cosa que desee y con absoluta naturalidad, lejos de la rigidez de los movimientos tradicionales. La corriente moderna es más fuerte desde que Isadora Duncan (1878-1927) rompió con las normas de la danza clásica tradicional. Ella tenía una particular concepción al respecto y es la de que el grado supremo de la conciencia en la mayoría de los cuerpos es la libertad.

Z-C: Aunque su estilo puede calificarse plenamente como contemporáneo, hay elementos que sin duda han surgido de la danza tradicional. ¿Podríamos hablar de fusión?
N. Sh.: Es una buena pregunta. Yo no había previsto este grado de profundización en la fase de creación de los movimientos; ha surgido de forma inconsciente. En la coreografía Ugarit, que presenté en Barcelona, he intentado mostrar la danza de las antiguas civilizaciones establecidas en el actual territorio árabe de una manera contemporánea, en cierto modo, aunque conservando los rasgos propios. La danza es un lenguaje universal. Yo intento presentar los elementos de la danza tradicional árabe y de las culturas antiguas que florecieron en este territorio mediante una forma de expresión basada en los principios de la danza contemporánea internacional.

Z-C: ¿Qué es para usted lo clásico? ¿Quiénes son para usted los mejores bailarines?
N. Sh.: Lo clásico es el fundamento del que ha surgido el arte de la danza contemporánea y el método fundamental para la formación del bailarín.
Para mí, las dos máximas personalidades en toda la historia de la danza son Isadora Duncan y Martha Graham.

Z-C:¿Cómo ve el estado actual de la danza contemporánea y de la danza en los países árabes?
N. Sh.: La situación de la danza contemporánea no difiere de la de las otras artes en relación a los desafíos que tiene que afrontar, lo que sucede en los países en que dicho arte se sigue con un mínimo de interés. En cuanto al mundo árabe, las circunstancias cambian de un país a otro. En Egipto existen instituciones superiores dedicadas al cultivo de la danza y un buen número de compañías sólidas conocidas mundialmente. En Túnez cuentan con una compañía y existen muchos grupos experimentales. Líbano es la sede de la famosa compañía Caracalla, y en Siria hay un instituto superior para la danza clásica, además de la Compañía Nacional Siria. Se puede decir que en todos los países árabes hay grupos que experimentan con la danza contemporánea además, naturalmente, de las compañías de danzas folklóricas, aunque, por lo general, el nivel está por debajo del satisfactorio.

Z-C: ¿cree que existe el movimiento puro, sin referentes?
N. Sh.: No me gusta dar prioridad al movimiento como expresión de una simple técnica sin que sirva a un contenido. Por otra parte, la comprensión del contenido del movimiento es relativo, depende del ojo que lo contempla y de los intereses de cada espectador. Muchas veces el creador deja que sea el ojo del espectador el que interprete de una manera personal el significado de lo que observa.

Z-C: ¿Cuáles son sus proyectos inmediatos?
N. Sh.: Me gustaría llevar a cabo un trabajo en colaboración que contenga elementos de la danza oriental contemporánea y elementos de la danza española contemporánea, extraídos del legado cultural español en sus diferentes variedades.

Nidal al-Shami

desde la butaca

amateurs & profesionales

En estos últimos años de boom y desbarajuste casi al unísono en el mundo de la danza del vientre, varias son las reflexiones que he ido haciendo a medida que veía diversos espectáculos. Parece en líneas generales que la frontera entre profesional y amateur tiende a desdibujarse, máxime cuando la profesionalidad es un título que las bailarinas se autootorgan con bastante facilidad. Además, la profesionalidad tiene dos vertientes (como en todas las demás artes): la vertiente creativa y la docente, y no siempre van juntas. Un artista genial puede ser un pésimo maestro y viceversa; un buen profesor puede que nunca de la talla de verdadero artista.

Aclarado este punto, es necesario que las limitaciones (igual que los aciertos) de los profesionales salgan a la luz en aras a establecer una línea de reflexión crítica y autocrítica para que puedan aplicarse los correctivos necesarios, ayudando a la superación constante del nivel de la danza y evitando esa sensación actual de "todo vale". De puertas adentro, efectivamente, todo vale si nos hace felices, pero llegados al nivel de la profesionalidad no hay que dejar de ser exigentes.

Para empezar, y sin que sea necesario nombrar a nadie, hablaré de uno de los aspectos más llamativos y que mayor impacto me han causado: las actuaciones de fin de curso de las escuelas. Sin literatura de por medio, resumo en puntos y críticas concretos este fenómeno. De los festivales que se celebran a puerta cerrada no tengo absolutamente nada que decir, pero desde el momento en que se llevan a cabo en espacios públicos y cobrando una entrada, ahí sí que entran en el ámbito de la labor crítica. Y a ello vamos.

- Los organizadores deberían tener en cuenta que la paciencia del espectador que no es un familiar directo de las bailarinas tiene un límite y merece un respeto.
- Las aspirantes a bailarina deberían tomar conciencia de sus propias limitaciones y evitar protagonismos inmerecidos (la ilusión por participar no exime de la autocrítica), y en eso la profesora-coreógrafa debería ayudar y ser inflexible. El honor del espectáculo y su propia credibilidad como profesional de la enseñanza va en ello.
- Debería delimitarse la duración del espectáculo, porque la redundancia ayuda al descenso del nivel global de la actuación. Del mismo modo, sería interesante delimitar también el concepto: espectáculo variado no es lo mismo que popurrí.
- Habría que hacer un esfuerzo por restringir la participación de las alumnas, tanto en el tiempo como en el espacio (en las actuaciones de grupo), para evitar esa sensación permanente de abigarramiento incontrolado. Claro que después de presenciar horripilantes aleteos multitudinarios de velos, temblores incontrolados y cuerpos en movimiento sin orden ni concierto que toman por asalto pasillos y escenarios, los solos de los maestros (por muy mediocres que sean) suelen agradecerse como agua de mayo.

Las actuaciones de fin de curso tendrían que tomarse como un reto para este creciente profesorado, que si no cae en la comodidad (gracias a la indulgencia del público habitual) tiene ante sí una excelente oportunidad de investigación escénica y coreográfica que no debería desaprovechar.

María Elena Morató
Periodista y crítico de arte

desde la butaca

desembarco de SUPERESTARS

Se presentaron el pasado junio en el teatro *Victoria* de Barcelona durante todo un mes y su espectáculo ha resultado un acontecimiento mediático, tanto para el público como para el mundo de la danza oriental. Para nosotros ha significado la constatación del punto álgido en el que se encuentra la popularidad de la danza del vientre en este país, un campo abonado sobre el que el entorno **Bellydance Superstars** (no nos extra-ñaría que el registro de la marca estuviera en trámite) tiene previsto echar raíces.

El proyecto
Bellydance Superstars es un proyecto en construcción que nació de forma fortuita hace un par de años de la mano de **Miles Copeland** (mánager entre otros de Sting o Rem y propietario de *Mundo Melodia*, la mayor distribuidora de música árabe de EE.UU.), quien para la promoción de su disco *Oojami* pensó en un acompañamiento de bailarinas árabes. Las primeras en incorporarse fueron **Amar Gamal, Ansuya** y **Sonia**, representantes de esa nueva generación de bailarinas que trasciende lo puramente árabe en la danza y se asienta más bien en un trabajo de mezcla sin complejos que, siguiendo la nomenclatura de moda, llamaríamos fusión. A partir de ese momento, y ya pensando en un espectáculo dirigido a grandes audiencias, el proyecto se conforma como una estructura base que permite la actuación alternada de las 6 bailarinas principales, acompañadas en algunos números de un grupo secundario que llena el escenario de color pero que muchas veces nos distrae de las verdaderamente interesantes.

El espectáculo
El espectáculo, convenientemente pormenorizado en un explicativo tríptico, se nos presenta con una escenografía austera (mero marco de trámite) y un cuidadísimo vestuario, digno de mención especial. El apartado musical, por supuesto grabado (no podría ser otra forma) cuenta con la presencia testimonial de un único percusionista, **Issam Houcham**, cuya función es la de establecer un puente con el público en distintos momentos de la función. Es interesante constatar las marcadas peculiaridades que pueden verse en los estilos *cabaret* y *tribal*, tan americanos como los *Marlboro*: unas características que por lo menos aquí en España (donde las influencias árabes son mucho más cercanas y tangibles) no resultan tan fáciles de ver. Como tampoco lo es la espectacularidad del vestuario y su universo cromático, dignos de exposición.
Curiosas son las incorporaciones de danzas hawaianas y escocesas, aunque dejo los comentarios sobre este tema para otra ocasión.

Las bailarinas
En la foto vemos a Ansuya, **Jillina**, Sonia, Amar Gamal, **Dondi** y, a la darbuka, **Rachel Brice**. Ellas son las estrellas, con trayectorias profesionales independientes, premios y reconocimientos muy diversos. En una pequeña entrevista nos cuenta Sonia que la organización busca bailarinas con estudios en distintas técnicas, como jazz y clásico, porque por un lado esto les da facilidad a la hora de trabajar las coreografías y por otro es más fácil que se sientan cómodas en ese espíritu de baile heterodoxo y permanentemente nuevo que se pretende conseguir.
¿Lo más difícil? Lograr reunirse en un mismo espacio físico (también está *internet*, pero no es lo mismo) para intercambiar experiencias y construir un espectáculo unitario.

La idea es buena, pero hay mucho camino por recorrer, pese a lo grandes artistas que son algunas de las bailarinas. Por poner un ejemplo, ahí va el resumen en una pregunta: ¿Por qué el sabor que te deja el espectáculo con Amar Gamal y sin Dondi y el que te deja con Dondi y sin Amar Gamal es absolutamente otro?

por María Elena Morató

Desde la butaca
Los Músicos del Nilo en España

El pasado 6 de noviembre tuvo lugar en Zaragoza el 2º Festival de Danza Oriental de Aragón. Al contrario que el año pasado, el espectáculo que sirve de colofón a dos días de cursos y actividades diversas tuvo en esta ocasión y en el espacio del magnífico Auditorio Mozart un talante monográfico, cuya rúbrica corrió a cargo de los Músicos del Nilo, acompañados esta vez por la bailarina Eva Chacón.

Habituados a todo tipo de escenarios, esta veterana e increíble formación integrada por tres generaciones de músicos y dirigida por Moussa el Kenawy lleva ya varios años viajando a España de la mano de Shokry Mohamed para presentar un repertorio instrumental y de canciones pertenecientes a la tradición folklórica de las orquestas del Alto Nilo. Son sus seis componentes Moussa Mahmoud Kenawy (rabel, cante y danza), Mahsoub Mahmoud Kenawy (pandero y danza), Atef Mitkal Kenawy (darbuka), Haman N. Hamad (rabel), Nour Eldin Mohamed Hamad (rabel) y Hussein Moustafa Mousry (nay).

La melodía, lenta y suave, sin tiempo y sin prisa, se desgrana por medio del rabab y el nay; mientras el ritmo lo ponen la darbuka y el pandero. Perfectamente adecuados al tempo de nuestros oídos y de nuestros relojes, nos permiten saborear los mawal (esos poemas de tradición milenaria cantados de manera libre y sin secuencias rítmicas) tanto como los solos instrumentales o las danzas folklóricas del sable y del bastón. Y, para quien conoce su repertorio, el reencuentro con el ya clásico solo de darbuka de Atef Mitkal. La reciente incorporación de Hussein Moustafa Mousry, inspirado intérprete de esa dulce y cálida flauta que es el nay (en sustitución de la zurna del ya fallecido Gamal Kenawy) ha permitido a los Músicos del Nilo reequilibrar la sonoridad folklórica en favor de una mayor sutileza.

Bailar la Danza del Vientre

Lo cual contribuye sin duda a que el espectáculo adquiera un formato más cercano al concierto.

Releyendo las notas tomadas hace tres años con ocasión de la presentación de los Músicos del Nilo en el XXVII Festival Internacional de Música de Cambrils (Tarragona) compruebo que ya entonces me sorprendió esa natural facilidad para lograr una buena comunicación con un público de lo más diverso, poco familiarizado con registros de este estilo y sí en cambio habituado a degustar lo mejor del arte musical y escénico de corte occidental. Mis dudas previas respecto al resultado de ese encuentro no tuvieron en cuenta que incluso los lenguajes más diversos, aún sin entenderlos, nos llegan al alma si verdaderamente salen de ella.

Hay algo de inamovible en los Músicos del Nilo sea cual sea el tipo de público al que se dirigen, y es esa presencia y prestancia innata con ciertos toques de humor que les hace próximos y que consigue que su actuación llegue siempre a sus oyentes.

A Eva Chacón le tocó esta vez ser la roja y bonita cereza que adorna un pastel que no necesita adornos y que (aunque no sea éste el caso) puede llegar a eclipsar con toda naturalidad la presencia de cualquier bailarina que no esté a la altura. Eva acompañó con sus danzas las modulaciones de voz de Moussa el Kenawy, ilustrando con simpatía un repertorio que aglutinaba la diversidad de posibilidades que ofrece esta música originaria de la zona de Luxor.

"Hay algo de inamovible en los Músicos del Nilo sea cual sea el tipo de público al que se dirigen, y es esa presencia y prestancia innata con ciertos toques de humor que les hace próximos y que consigue que su actuación llegue siempre a sus oyentes."

por María Elena Morató, crítica de arte

Desde la butaca
El espíritu perdido

Con gran expectación acudí el pasado 5 de enero al *I Encuentro de grupos profesionales de danza oriental* que se celebró en Barcelona en el *Centre Cívic Cotxeres Borrell*, pues la responsable y organizadora del evento, **Elvira Rovira** (*Dalila al qamar* de nombre artístico, contraportada de *La Vanguardia* ese mismo día) es una mujer vehemente, entusiasta donde las haya y que no se arrendra ante nada. Y, para ser justos, el mérito a una organización y presentación impecables lo tiene más que ganado.

Se anunciaba la participación de los grupos **Alambiq**, **Banat al Qamar**, **Sultanas** y **BellymCo.**, y de los solistas **Ricardo Giner** y **Sonia Alejandre**.

Después de tantas expectativas frustradas, esperaba disfrutar por fin de la música y de los movimientos, y no, como suele suceder, sufrir con ellos. Pero, a medida que los profesionales anunciados iban saliendo a escena, yo me iba sumergiendo en una desesperación que iba haciéndose más y más grande, atrapada y con ganas de huir al encuentro de ese espíritu que parece que se apaga, que no está, que se extingue a medida que avanza imparable el interés o la moda por la danza del vientre, árabe u oriental, que ya lo mismo da. ¿A qué llamamos profesionalidad? ¿A qué llamamos danza? ¿A qué llamamos árabe?

Las teorías y los propósitos no pueden sustituir el espíritu del arte (que no es otro que el del alma, siempre lo decimos), que se transmite cual magia intangible al que está mirando. Dalila no logró alejar el encuentro de los tópicos y mucho menos *"entrar de lleno en ese misterio y ese orientalismo que los auténticos profesionales de la Danza Oriental saben recrear a la perfección"*, tal como nos

Lulú Sabongi

anunciaba en su programa. El esfuerzo y el talento de los participantes llevó el espectáculo justo al polo opuesto de lo que se buscaba. En este I Encuentro de grupos profesionales en Barcelona incluso la música perdió su magia.

Y de repente añoré como nunca esos momentos en los que la emoción de la danza se escapa por los ojos.

A la vista de este panorama un tanto desolador me gustaría dedicar unas palabras (que no tenía previstas) al espectáculo que organizó el pasado 17 de septiembre la bailarina brasileña afincada en Barcelona **Munique Neith**. Con una gran habilidad para hacerse un hueco en el mundo del espectáculo, esta mujer ha sabido construir en torno a su figura una imagen y una estructura de cuidada estética que poco a poco, a medida que se adentra en los entresijos de la danza, aprendiendo y enriqueciendo su lenguaje, va llenando de contenido. A su favor tiene la presencia escénica, el saber moverse por el espacio, cualidades ambas que solapan sus carencias, cuando las hay. Lo que hay que agradecerle a Munique es habernos traído a la genial **Lulú Sabongi**, brasileña como ella, cuyas actuaciones (excepto cuando se empeña en esos toques aflamencados) son una auténtica clase magistral y gozo para los sentidos. Fue Lulú quien otorgó categoría al espectáculo, ya que sólo el verla a ella justificaba la cita.

Digo esto porque, a modo de petición final, lanzo un ruego a los organizadores de festivales y encuentros: profesionales, traed artistas a vuestros espectáculos que sepan llenarnos el alma.

> *"Las teorías y los propósitos no pueden sustituir el espíritu del arte, que se transmite cual magia intangible al que está mirando."*

DESDE LA BUTACA por María Elena Morató, crítica de arte

Un espectáculo de danza con Rachida Aharrat

La bailarina marroquí afincada en Barcelona Rachida Aharrat presentó el 22 de abril en el Centro Cultural Les Corts de Barcelona su espectáculo titulado "Sobre las mujeres". Tanto el planteamiento de la obra como la misma personalidad de la bailarina han propiciado este texto, a medio camino entre la crítica y la entrevista.

Rachida es uno de esos personajes que cautivan por una franqueza que va abriendo el camino a su trabajo, revelándose perseverante, con un mensaje que transmitir y con planteamientos que, en el contexto de la danza del vientre, son muy poco usuales. Ocurre la mayoría de las veces que los espectáculos de danza del vientre se conciben aisladamente de la actualidad escénica, lo cual, si bien no tiene por qué ser algo negativo, sí tiende a aislar excesivamente esta danza y en cierto modo nos empuja a considerarla y tratarla como un mundo aparte, cuando no lo es.

El espectáculo de **Rachida** y el grupo **Ermel** (formado por las bailarinas **Gloria Cavallé**, **Marta Arcas**, **Mª Ángeles Ramos** y **Marta Sanmartí** y la actriz **Emília Sánchez**) nos devuelve esa sensación de espectáculo total y multimedia, inmerso en el mundo real sin renunciar a los sueños, sin excesos pero sin carencias, sin presunciones pero generoso. En él la danza (no sólo danza oriental, no sólo danza del vientre) es uno de los componentes de un discurso general que engloba también la música, la palabra, la escenografía y la imagen. Como dice la autora en el programa:

"Queremos dedicar el espectáculo de danza oriental a las mujeres que callan, soportan y luchan día a día bajo una mano, sociedad o religión opresora. Fuerzas que intentan enmudecer la creatividad, la curiosidad, la sensibilidad, la sensualidad, la inte-

Bailar la Danza del Vientre

ligencia y, sobre todo, la gran capacidad de amar y perdonar. Un espectáculo que fusiona la imagen, la música y la danza para recrear diferentes espacios, diferentes realidades y diferentes mujeres con los mismos sentimientos."

Yo no definiría *"Sobre las mujeres"* como un espectáculo de danza del vientre, sino simplemente de "danza". Rachida no se limita a la ortodoxia, a lo que se supone que pertenece al lenguaje específico de la danza del vientre, del mismo modo que tampoco se limita en los otros aspectos que constituyen el juego escénico. Su baile lo forman movimientos de filiaciones diversas perfectamente asumidos como propios, lo cual otorga a su propuesta la necesaria naturalidad para hacer del suyo un espectáculo creíble y, por encima de todo, sincero. Las bailarinas del grupo son conscientes de lo que Rachida les pide y se afanan en conseguir una armonía del todo imprescindible para el éxito de la obra. Se agradece profundamente la ausencia de personalismos y el carácter de obra coral, en el que las componentes de Ermel, pese a tener su propia personalidad, se integran en un trabajo que prima la unidad del grupo.

"Sobre las mujeres" se estructura en torno a una idea y se desarrolla como un continuo con la música como hilo conductor. Esa idea, sin embargo, es una excusa para crear una obra de múltiples facetas, de factura plenamente contemporánea, que evidencia un extenso y profundo trabajo conceptual previo que otorga solidez y credibilidad a cada uno de los engranajes del espectáculo. Y, referente al uso de la música, ésta no se limita a un encadenamiento sincopado de temas, sino que por el contrario ha sido amoldada con gran acierto en una especie de suite en progresión emocional y discursiva que nos va transportando a los distintos entornos y situaciones suavemente y sin brusquedades.

Rachida, y eso sí es novedad, incluye como parte de la obra una palabra que quiere ser expresión, pero también quiere comunicar y compartir. Rachida no quiere ser una estrella sobre el escenario, sino alguien que conversa con el público usando todos los lenguajes que tiene a su alcance. Esa, dijéramos, obsesión por la inmediatez, por todo lo que es directo y vivido en el mismo instante es lo que nos hace pensar en ella no sólo como bailarina, sino también como una directora de gran talento.

DESDE LA BUTACA

DESPUÉS DE VER EL ESPECTÁCULO he creído interesante otorgarle la palabra a Rachida para que nos ayude a entender el qué y el por qué de su trabajo.

Danza Oriental: Antes que nada, cuéntanos algo sobre tus orígenes.
Rachida: Yo nací en Tetuán en 1976 y vine aquí con mi familia cuando todavía no había cumplido los dos años. Cuando a los siete volví a Marruecos fue algo muy importante; me marcó mucho encontrarme con la gente, con una forma de vida tan distinta a la que veía aquí. Pero durante muchos años sentí la pérdida de identidad que sufren muchos jóvenes como yo, entre dos culturas. Sientes que no eres de aquí ni eres de allí. Y hasta que consigues superarlo y encuentras y aceptas tu lugar, es bastante duro. Tienes que romper con imposiciones, con costumbres, con prejuicios, con ciertas ideas que impiden que tu personalidad se desarrolle plenamente y debes encontrar tus propios valores.

D.O.: ¿Cómo fueron tus inicios en la danza?
R.: Desde muy pequeña sentí un gran interés por la danza, pero en nuestra cultura, y más en el seno de una familia tradicional y religiosa como la mía, la danza es algo muy mal visto. El que una hija se dedique a la danza es como una desgracia, tanto por el entorno como por el peso de unas costumbres sociales muy arraigadas. Así que mis primeros contactos con la danza tuve que hacerlos a escondidas de mis padres. En realidad, empecé a estudiar teatro porque creí que era demasiado mayor para dedicarme a la danza. Estuve cuatro años en el Colegio del Teatro de Barcelona estudiando arte dramático, técnicas de voz, expresión corporal, etc. Paralelamente me inicié en las danzas africana y contemporánea. Cuando oí hablar por primera vez de danza oriental creí que se trataba de alguna danza japonesa, pero al descubrirla sentí una gran alegría. Fue como reencontrar mis raíces a través de la danza y de la música.

D.O.: ¿Con quién aprendiste la danza del vientre?
R.: Empecé a asistir a clases con **Rosa Vermelha** y con **Devorah Korek**, que me incluyó como bailarina en su grupo durante un año. Gracias a ellas tuve el coraje de dedicarme a la danza, ya que por mi propia iniciativa quizá no me hubiera atrevido a dar ese paso. Después de esta primera experiencia estuve durante mucho tiempo apartada del aspecto digamos "social"

"La danza es una disciplina que requiere un gran dominio del cuerpo, no es sólo dejarse llevar y, sobre todo, no es sólo una disciplina de crecimiento personal."

de la danza. Esta época en la que me mantuve al margen de puertas afuera no dejé de trabajar, investigar, practicar y asistir a clases. Estudié con **Soraya Hilal** en París, con **Beatrice Lavielle** en Barcelona, entre otros, y profundicé en danza clásica, contemporánea y claqué. Cuando me sentí preparada empecé a pensar en mostrar al público lo que yo sentía. Sin dejar de estudiar presenté, junto a Beatrice, mis dos primeros espectáculos: "*Svadhistana*" y "*Samara y Layla*". Tengo que decir que el estudio de la danza clásica y contemporánea me ha ayudado mucho a conocer aspectos de la danza del vientre y a tener una buena base técnica. La danza es una disciplina que requiere un gran dominio del cuerpo, no es sólo dejarse llevar y, sobre todo, no es sólo una disciplina de crecimiento personal.

D.O.: ¿Cómo fraguas un espectáculo?
R.: Busco un hilo conductor para cada espectáculo. Después escojo las músicas y a partir de ahí los movimientos van surgiendo en los sucesivos ensayos. Hay un lenguaje que es universal, por eso selecciono las músicas con el corazón, porque creo que si a mí me llegan habrá también más gente a la que

230

Fifi Abdu y **Nagwa Fuad**. Sin embargo, creo que muy pocas han intentado desligarse del cabareteo, con sus trajes brillantes, y me vienen sólo dos nombres: Soraya y **Miriam Szabo**. Creo sinceramente que hay que enriquecer la danza del vientre con otras cosas. Eso es lo que "reclamo" (por decirlo de alguna manera) a la gente que dispone de medios: que no hagan nada más interesante. Y estoy pensando en Bellydance Superstars, por ejemplo.

D.O.: Recientemente has actuado junto a los **Músicos del Nilo**. ¿Qué ha supuesto para ti esta colaboración?
R.: Actué con ellos en Barcelona y en el *Festival de las Tres Culturas* que se celebra en Murcia. En realidad fue todo muy improvisado, pero lo he vivido como un regalo.

puedan llegar. En el caso de "Sobre las mujeres", además, el texto llegó a mis manos de forma casual, pero de inmediato lo incorporé al espectáculo, buscando a una actriz que supiera darle la expresividad requerida.

D.O.: ¿De qué forma surge el grupo que diriges?
R.: En Ermel somos un grupo de personas unidas por la danza que, pese a ser diferentes, nos complementamos mucho. Trabajamos muy bien juntas, hablamos y, también, nos reímos mucho.

D.O.: Háblanos de tus bailarinas preferidas.
R.: Para serte sincera, no me gusta "estar" de espectadora. Me gusta más bailar que ver bailar, pero puedo decirte que me gusta Raquia Hasan porque baila con el corazón y con el estómago. El estilo de Soraya Hilal es muy bonito, y también me gustan

D.O.: ¿Cuáles son ahora tus proyectos?
R.: Quiero empezar un espectáculo nuevo en el que haya más música en directo. Hasta ahora trabajaba sólo con la percusión, pero me gustaría realizar algún tipo de fusión con músicos contemporáneos y de jazz. Aunque creo que, de momento, tendré que conformarme con la música grabada. Tengo que sacar fuera las cosas que he ido aprendiendo estos años. Creo que toda propuesta es válida si tienes algo que expresar. Si lo que quieres transmitir no se entiende de una manera, puedes hacer las combinaciones y mezclas necesarias para que lleguen a entenderte.

MARIA ELENA MORATO

desde la butaca
por María Elena Morató, crítica de arte

De cine: un museo en la videoteca

Ésa es la imagen que me vino a la mente el día que vi por primera vez una cinta recopilatoria con fragmentos de baile de las más famosas bailarinas de la danza del vientre. Rescatados de viejas películas de la época dorada del cine musical egipcio de los años 40, 50 y 60, la visión de los movimientos de todos esos mitos, uno detrás de otro, me producía el mismo efecto que el de contemplar los mejores cuadros en las principales pinacotecas del mundo. Y es que esa sensación es fruto de una experiencia totalmente lógica, por otra parte. Cuando, de estudiantes (de cualquier materia, ya sea literatura, pintura o danza) empezamos a recopilar datos, asistimos a multitud de conferencias y exposiciones o vamos sumando libros a nuestra cuenta literaria, llega un momento en que debemos frenar, analizar y reflexionar sobre todo eso que tenemos entre manos. Y llegar a una conclusión. En medio de la dispersión que supone tanta información, a veces excesiva y equívoca, lo que resulta infalible es volver a los clásicos (sí, esos que nunca mueren): automáticamente, y diríamos que por arte de magia, todo lo que hemos visto y leído toma su verdadera dimensión y encaja como un puzzle en el lugar que le corresponde. Las obras maestras son reglas universales que nos permiten medirlo todo sin temor a equivocarnos. Y, de paso, nos proporcionan una inmensa gratificación estética e intelectual.

Mi sensación, pues, colocaba ese vídeo de las bailarinas al mismo nivel de otros grandes hitos de la creación artística universalmente reconocidos. Digo esto porque considero estas recopilaciones un documento valiosísimo para todo aquél que quiera aprender, o disfrutar simplemente, con las danzas. Es aquello de saber cuál es el principio para entender el final. El tiempo transcurrido y el criterio del seleccionador actúan como una criba y nos ponen en bandeja (de plata) efímeros momentos que, de lo contrario, estarían quizá irremediablemente perdidos. Siempre han circulado entre bailarinas grabaciones caseras (léase piratas) de actuaciones de artistas famosas, pero su calidad era por lo general más que dudosa. En la actualidad son de destacar recopilaciones como las realizadas por el músico y productor **Hossam Ramzy**, cuya colección "*The stars of egypt*" nos permite acercarnos a figuras muy conocidas (también grandes estrellas de la pantalla) y otras que no lo son tanto, por lo menos entre nosotros: **Naima Akef, Taheyya Karioka, Samya Gamal, Nagwa Fouad, Qatqouta, Sohair Magdi, Houda Shamseddin, Sohair Zaki, Houreyya Mohamed**... Hay que hacer un hueco para ellas en nuestras estanterías, y verlas de vez en cuando.

Dentro de cincuenta años nuestros nietos tendrán que hacer a su vez un hueco para las recopilaciones de los mejores momentos de las bailarinas que hoy podemos disfrutar en directo. ¿Quiénes figurarán en ellas?

Bailar la Danza del Vientre

desde la butaca

por María Elena Morató, crítica de arte

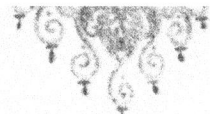

Luces y tatuajes

Se celebró en Barcelona el pasado 19 de febrero, en el Centro Cotxeres Borrell, el espectáculo "Nur: una luz por la vida" organizado por **Dalila al-Qamar**. Haciendo un juego de palabras, ya que la estrella invitada era precisamente **Nur Banu**, Dalila dedicó el espectáculo a las mujeres que luchan a diario por la vida y se transforman ellas mismas en luz para quienes las rodean, presentando un programa interesante por lo variado y por la categoría de sus principales figuras.

De Nur Banu, que abrió y cerró el espectáculo, recordar que es una de las profesionales de nuestro panorama nacional más reconocidas y de más larga trayectoria. Su estilo, de una perfección depurada, se ha convertido en exponente de lo que podríamos llamar una danza oriental de factura clásica. Cual Alicia Alonso en un Lago de los Cisnes oriental, Nur destaca por esos movimientos de brazos de elegancia extrema y por una presencia en el escenario que se impone con gran naturalidad, brillando con una luz que no ciega nunca. Su danza del candelabro, convertida en uno de sus números más celebrados, ilustra ese dominio de ejecución que transforma en sencillo algo que realmente no lo es.

Malak, de la Compañía Al-Ándalus, fue otra figura destacada del espectáculo, derrochando energía, precisión y estilo. Nos queda el interés por verla de nuevo en una actuación más extensa.

También destacamos la actuación del grupo de danza **Saada** (Anisah, Danahe y Maizah), que con su baile titulado "Ritual de espadas", presentó un espectacular número inscrito en ese estilo acuñado en los 60 al amparo del teatro musical y bautizado como tribal. Sofisticado hasta el extremo, con un look de fusión tremendamente efectivo y colorista (tribal-hippy-chic, lo llamaríamos en el mundo de las pasarelas; gótico-tribal, en el de las tribus urbanas) las bailarinas, que requieren un entrenamiento específico, realizan los movimientos como en un ritual serpentéreo en el que de la exageración (con algún viso de contorsionismo) se hace arte. De la mano de **Anisah**, especialista en técnicas marciales orientales y discípula de **Kerensa de Mars**, y **Danahe** (sus dos principales figuras) nos adentramos con gran placer visual en la rotundidad y barroquismo de esos aires "tribales" salpicados de detalles y ornamentos. El auge que está teniendo en estos momentos el estilo tribal, tal como lo demuestran los cursillos que empiezan a proliferar, se debe sin duda al efecto vaivén de las modas, al ansia de buscar diversidad y de marcar distancias con otros estilos más conocidos y con la misma madre común.

Un espectáculo dedicado a las mujeres que se esfuerzan y transforman en energía y luz.

De **Dalila** queremos remarcar su interpretación de la "Sherezade" de Gani Mirzo y especialmente de la canción de Luz Casal "Entre mis recuerdos". Esta recreación emocional en estilo libre tuvo el acierto de liberar el potencial interpretativo de Dalila (que no es poco) y de transportarlo a los espectadores. Creo que esta es una línea en la que puede forjar un camino del todo propio.

Y por último, nombrar a **Yazmin**, Princesa del Desierto, puro nervio lo que pudimos ver de ella, hasta el punto de venirnos a la mente alguna comparación gastronómica (chile, pimienta...)

Quienes también subieron al escenario fueron **Zaynab** y los grupos **Banat al-Qamar** y **Layali**. Precisamente sobre los grupos hace tiempo que me hago una reflexión: parece que lograr la necesaria cohesión, tanto de fondo como de estilos, es una de las cuestiones para la que los responsables no acaban de encontrar la fórmula. Un buen grupo necesita espíritu de grupo y es quizá ese punto, sobre el cual se construye todo lo demás, lo que falla en primer término.

desde la butaca

Alma de Al-Andalus

El pasado 4 de noviembre tuvimos el privilegio y el placer de asistir al **concierto que, en memoria de Shokry Mohamed, realizó el grupo Al Andalus** en la Casa de Cultura Alfonso X el Sabio de Guadarrama. La actuación contó con **la participación inesperada y excepcional de la bailarina Luchy López**, que recitó además algunos poemas de Shokry.

El alma de este grupo de música andalusí contemporánea, como a ellos mismos les gusta definirse, está formada por la simbiosis de un laúd árabe y una guitarra flamenca, **ejecutados respectivamente por el tetuaní Tariq Banzi y la estadounidense Julia Banzi**. La historia singular del dúo Tarik-Julia es el de la confluencia de pasiones musicales diversas que han sabido encontrar los puntos de complementariedad precisos para no perder por un lado las especificidades de cada uno de los lenguajes en los que se basan y conseguir por otro un punto de interacción y equilibrio mágicos en el desarrollo de su propio lenguaje musical.

Gran parte de las piezas que interpretan pertenecen al repertorio tradicional andalusí, entre los que encontramos fragmentos de nubas, muchas de las cuales han sido popularizadas por la orquesta andalusí de Tetuán, la Chekkara, uno de cuyos miembros, **Nureddin Chekkara** (actualmente profesor de violín y música andalusí en el Conservatorio de Tetuán) es también habitual acompañante de los Banzi. Junto a este repertorio el grupo incluye canciones sefarditas medievales y cantes flamencos, para los que cuentan con **la voz clara y matizada de la gaditana Virtudes Sánchez**, cuyo potencial interpretativo, que se aviene perfectamente al diálogo del laúd y la guitarra, está en disposición de alcanzar todavía nuevas cotas.

Tarik y Julia, con una trayectoria profesional de más de 25 años, han logrado un estilo de ejecución único, fiel al espíritu de la tradición pero no sujeto a ella, con un resultado contenido e íntimo como en un concierto de cámara pero con el pulso energético de un cuadro flamenco. Como ellos mismos dicen, **recogen el legado andalusí y lo reinterpretan desde la contemporaneidad** y, lo que es fundamental, desde su propio sentimiento, intentando siempre que esa ideal convivencia de las Tres Culturas se refleje en todos sus trabajos. Es esta libertad como punto de partida la que les ha permitido presentar, junto al repertorio medie-

Bailar la Danza del Vientre

En la cita de Guadarrama el marco y los artistas lograron un recital perfecto.

val, creaciones propias y musicar al mismo tiempo diversos poemas de Lorca, manteniendo una línea de uniformidad y coherencia a pesar de la diversidad de fuentes de las que beben.

En la versatilidad instrumental de Tarik Banzi, capaz de emocionarnos con el oud, el ney o la darbuka, encontramos a uno de los pioneros de la fusión árabe en España (sus enseñanzas están en la génesis del grupo Radio Tarifa) y un **colaborador de músicos de la talla de Paco de Lucía, Manolo Sanlúcar o Enrique Morente**, entre otros. Por su parte, Julia Banzi (una de las pocas guitarristas flamencas del mundo, en cuyos inicios hallamos una peregrinación musical desde su Colorado natal hasta Sanlúcar de Barrameda) es capaz de hilvanar con asombrosa facilidad el toque flamenco con los múltiples matices del legado andalusí sin perder la linealidad y la elegancia que la caracterizan.

En la cita de Guadarrama el marco y los artistas lograron un recital perfecto. La aparición de Luchy López en el escenario, interpretando con movimientos improvisados alguna de las piezas del grupo (la conexión entre ella y los músicos parecía algo natural) nos hizo más cercano y entrañable, si cabe, este concierto tan especial. Luchy puede adaptarse a muy diversas situaciones y registros porque **los suyos son movimientos que emanan de la inteligencia y de la emoción a partes iguales**. En esta ocasión puso también voz al sentimiento de Shokry a través de la lectura del poema dedicado al laúd que fue publicado en edición bilingüe en su libro "La bailarina del templo".

Lo mejor de esta actuación fue sin duda disfrutar junto a los artistas de la técnica y del sentimiento, de las reglas y de la improvisación, de los caminos marcados y de la libertad y de la mágica conjunción de todos ellos.

Un gran homenaje para Shokry y un gran placer para nosotros.

Por María Elena Morató, crítica de arte.
Fotos de archivo del grupo; en escena de María José Cabrerizo.

desde la butaca

Deseos... y resultados

por Mª Elena Morató
crítica de arte

fotos Mohamed Soulimane y Beatrice Lavielle
por Mustafá Aharrat

Bailar la Danza del Vientre

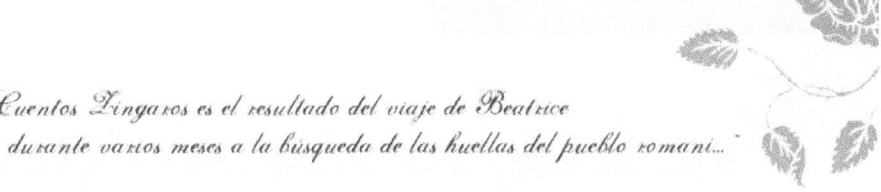

"Cuentos Zíngaros es el resultado del viaje de Beatrice durante varios meses a la búsqueda de las huellas del pueblo romaní..."

Merece detenida atención la presentación que llevó a cabo **Beatrice Lavielle** en el Auditori de les Corts de Barcelona de su espectáculo "Cuentos Zíngaros", estrenado la pasada primavera. Con un formato insólito, este espectáculo unipersonal se desarrolla en un sólo acto (nos pareció increíble su resistencia física) y sin cambios de vestuario. **Valoramos el esfuerzo de Beatrice por huir de las parafernalias textiles de otros eventos** (ya se sabe: muchos modelitos y muchas gasas pero escaso baile) y centrarse en un discurso creativo e ilustrativo al 50 por ciento.

Cuentos Zíngaros es el resultado del viaje de Beatrice durante varios meses a **la búsqueda de las huellas del pueblo romaní en las danzas tradicionales de Grecia y los Balcanes**, rastreando el periplo que a lo largo de cinco siglos realizó este pueblo desde la India hasta llegar a nuestra península siguiendo la ruta del norte (la ruta del sur, la africana, tiene otros matices) Beatrice no pretende copiar los folclores que ha vivido sino hacer suyas las experiencias junto a músicos y bailarines y reinterpretar las distintas particularidades bajo su prisma personal e inquietudes creativas. El resultado es un interesante espectáculo que ilustra y a la vez nos permite saborear un abanico de matices.

La segunda cita con la danza en Barcelona en realidad fueron dos: las galas, una nacional y la otra internacional, que realizó **Munique Neith** en el Petit Palau. Anfitriona perfecta, prefirió dividir el espectáculo en dos para que pudiéramos disfrutar sin restricciones de tiempo de los artistas invitados. Pero, como ya viene siendo habitual en las organizaciones de conciertos (habría que hacer algo al respecto) los sempiternos problemas con los visados de los artistas impidieron la presencia de la primera figura: **Randa Kamel**. Destacaron **el siempre creativo Mohamed Al Sayed** (su nombre se ha vuelto ya imprescindible), que evoluciona a cada convocatoria su personal giro derviche, y **Samara Hayat**, profesional indiscutible, con un chic y una presencia que la harían digna primera bailarina de un Folies Bergère árabe, si existiera. Su danza lleva el estilo cabaret al máximo exponente, con una amplia variedad de movimientos precisos, efectivos y elegantes.

La tercera cita fue el espectáculo de **presentación en Barcelona del disco "Baraka" de la Orquesta Árabe de Barcelona**, en el marco del Festival Tradicionarius. El grupo lo forman músicos provenientes de Marruecos, Grecia y Cataluña (Mohamed Soulimane, Ayoub Bout, Abdelilah Tamsamani, Yannis Papaioannou, Jordi Gaig, Mohamed Ghazi y Joan Rectoret), cada uno con su propia trayectoria musical. El concierto, para el que había mucha expectativa, fue un tanto desconcertante. Si en las primeras piezas nos sumergíamos en un evocador viaje acústico por el eje clásico magrebí (Túnez-Argelia-Marruecos), **el camino iniciado tan brillantemente se fue desdibujando a medida que avanzaba el concierto**. La ejecución de la primera parte fue absolutamente correcta y dejaba entrever una vocación de internacionalidad (mediterraneidad para ser más exactos) en la que los músicos parecían decididos a hacer suyo el espacio musical árabe en Cataluña mediante la creación de un estilo en el que iban a confluir las tradiciones aportadas por cada uno de los componentes. Pero la inclusión de diversos artistas invitados, lejos de contribuir al crecimiento del espectáculo, lo que hizo fue romperlo, unas veces por excesiva personalidad (Omar Sosa ofreció un intenso y rotundo microconcierto dentro del concierto) y otros por falta de acoplamiento. De ese interés de la orquesta por orquestarlo todo (todo tipo de ritmos y tradiciones, desde la clásica a la gnawa, pasando por la canción protesta o reivindicativa) **resultó un concierto falto de estilo**. La ambición por ser una orquesta universal de todos los mundos árabo-mediterráneos (eso es lo que a mí me pareció) truncó la personalidad que parecía esbozarse. La Orquesta tendría que delimitar un poco sus objetivos. **La evolución y los aciertos, vendrán con el trabajo constante, porque posibilidades las tiene todas.**

X Festival Gnawa de Esauira

El pasado junio se celebró en Esauira el X Festival Gnawa, uno de los acontecimientos de mayor repercusión en la escena musical de Marruecos y que tiene como protagonista a una comunidad que ha obtenido el reconocimiento público sólo hasta hace muy poco tiempo: la gnawa. La importancia de este festival radica tanto en los aspectos musicales como en la aproximación teórica a su realidad social a través de un amplio programa de conferencias y debates.

Texto y fotos: Mª Elena Morató

Bailar la Danza del Vientre

¿Quiénes son los gnawa?

El término gnawa hace referencia a un grupo étnico-religioso minoritario pero con una amplia presencia en el Magreb, sobre todo en Marruecos. Su origen hay que buscarlo en primer lugar en los **esclavos originarios de Sudán** y más tarde, entre los s. XI y XIII, en los diversos contingentes de esclavos negros provenientes del antiguo reino de Ghana hacia Marruecos, Argelia y Túnez. Este tradicional comercio de esclavos, intensificado a raíz de la conquista que a finales del s. XVI llevó a cabo el sultán de Marruecos Al-Mansur de parte del imperio Songhai, no cesó hasta los primeros años del s. XX. Los descendientes de estos esclavos, junto con otras poblaciones negras libres emigrantes llegadas a través de las rutas caravaneras, se mezclaron con la población local y formaron un colectivo que pese a su origen diverso adquirió identidad propia gracias a la figura de Sidi Bilal, el primer esclavo de origen etíope liberado por Mahoma y que fue primer muecín del Islam. Ligados pues, a la evolución del esclavismo y organizados en cofradías **crearon un culto original y un movimiento cultural distintivo** mezclando las distintas aportaciones africanas con las árabo-beréberes, perfilando unas características específicas que dependerán de la zona en que se desarrolle.

Música y trance

Los gnawa fueron adaptando al Islam, a lo largo de varios siglos, el sustrato ritual animista mediante expresiones de carácter sincrético. Sus ceremonias, que mezclan el misticismo sufí con los ritmos del África occidental preislámica, se fundamentan en tres puntos principales: cantos de tipo responsorial (llamada-respuesta); reiteración de secuencias melódico-rítmicas y polirritmia de herencia netamente africana. Esta huella se detecta en los mismos cantos que tienen lugar durante una parte de las celebraciones, en los que **se habla de sufrimiento, cautiverio y exilio** y en los que se evocan esas comunidades primigenias. Otra de sus características es que es una tradición que se transmite oralmente de padres a hijos: todos los maestros o *maâlem* son descendientes directos de estos esclavos o han sido instruidos e iniciados por ellos desde niños. Entre las huellas más importantes que pueden rastrearse están la mandinga y bambará, pero también las songhai, yoruba y hausa. Si los primeros dan preponderancia al canto y acompañamiento del *guembri* (su instrumento rey), los dos últimos dejaron su impronta en percusiones complejas y características, que podamos reconocer también en los ritos del candomble, la macumba o el vudú, sus herederos americanos. Aunque su estructura organizativa tiene similitud con la de algunas cofradías sufíes norteafricanas, las gnawa no son consideradas propiamente *tariqas* (o vías de conocimiento espiritual), aunque como aquéllas, celebran ceremonias colectivas rituales de carácter tanto iniciático como terapéutico en las que **la música juega un papel preponderante para lograr el estado de trance**. Estas ceremonias son conocidas con el nombre de Lila (noche) de Derdeba o rito de los siete colores; se realizan a lo largo de toda una noche, durante la cual el maâlem hilvana los repertorios profanos y sagrados que conducirán finalmente, con la ayuda de una vidente-terapeuta o *muqadima*, a la iluminación interior y a la sanación espiritual y física. La muqadima es quien organiza las lilas, congrega a todos los participantes y convoca al maâlem según sus preferencias. Éste, que no se considera propiamente un músico sino un servidor de los espíritus, es el mediador entre éstos y los participantes.

Bailar la Danza del Vientre

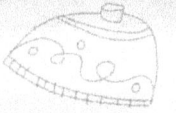

Los instrumentos y la ceremonia

Tres son los instrumentos sobre los que se sustentan las ceremonias: el guembri, las qraqab o karkabu y el ganga o tabal, un gran tambor de doble membrana que se toca con dos baguetas distintas para producir sonidos graves y agudos. El instrumento vehicular, el guembri, es un laúd-tambor de tres cuerdas con caja de resonancia de madera que guarda un estrecho parentesco con el ngoni de los griots subsaharianos. Se toca con una técnica a la vez melódica y percutiva y **es el encargado de guiar a los espíritus durante toda la ceremonia de la lila**, en un "viaje" que se ha descrito como de ida y vuelta, de división y reunificación. Por su parte, las qraqab (grandes castañuelas metálicas en forma de ocho) acompañan al guembri siguiendo ritmos binarios y ternarios que se encabalgan y alternan a lo largo de la velada. Los músicos que las tocan, discípulos del maestro, realizan el contracanto y ejecutan las danzas.

Tres son las partes fundamentales que componen la lila: Una introducción o aâda en la que los tambores dirigen a los fieles en comitiva al lugar de la celebración de la ceremonia, purifican el espacio y lo abren a las influencias cósmicas. Después, ya aposentados los músicos, el maâlem empieza por desgranar un repertorio profano o kuyu que empieza siempre con una serie de cantos llamados uled bambara, en los que se recuerdan los orígenes lejanos del pueblo gnawa en las lenguas originales, pese a que en la actualidad quedan muy pocos que puedan entenderlas. Por extensión, se da también el nombre de kuyu a las danzas ejecutadas en esta parte de la ceremonia. Son por un lado **movimientos improvisados de carácter casi acrobático**, con saltos espectaculares que los danzantes (dependiendo de su juventud y destreza) realizan por turnos. Sin embargo la estructura es siempre la misma, con un inicio de presentación y un final en el que un saludo al público da paso a otra fase. Otra forma de danza, más tranquila, es la que se realiza con los pies en una suerte de juego que acompaña con precisión los fraseos del guembri. Es la complejidad de la estructura y coordinación coral de estos pasos la que puede darnos medida de la calidad artística de un grupo. Precisamente por su carácter festivo el kuyu es la parte del repertorio gnawa que suele verse en las actuaciones y conciertos para el público profano, fuera del contexto de las lilas. Hay que remarcar que son en su mayor parte representaciones masculinas, aunque alguno de los maâlem incluye presencia femenina en sus sesiones. Es tras el repertorio del kuyu que empieza la sesión de trance propiamente dicha o muluk en la que el maâlem entona una serie de cantos que hacen referencia a los siete espíritus o entidades sobrenaturales principales. La interpretación de estos cantos sigue un riguroso orden preestablecido en el que cada espíritu tiene su divisa y estilo musical, su color (asociado a un elemento cósmico) y su olor particular, que se hace presente gracias al incienso.

A lo largo de la noche se invoca a los espíritus de la luz y de los santos (blanco), del agua (azul claro), del aire (azul oscuro), los de la sangre (rojo), el masculino (verde), los de la tierra y el bosque (de color negro) y el espíritu femenino (amarillo). Durante la ceremonia, todos los que entran en trance son cubiertos con un pañuelo del color del espíritu que les posee. Es sumamente importante que el maâlem conozca todos los repertorios de la gnawia, ya que, como dicen los grandes maestros, reflejan y respetan las creencias y realidades de cada persona, sea cual sea su proveniencia u origen.

El reconocimiento y la proyección

Prohibidas durante mucho tiempo en unos países y únicamente toleradas en otros, las manifestaciones de estas cofradías se vieron también silenciadas o menospreciadas. Los esclavos, que no podían practicar la religión abiertamente porque no eran considerados personas, llegaban a ella de forma camuflada a través de prácticas rituales sincréticas. Sin embargo, esas prácticas (nos dice el historiador **Mohamed Ennaji**) cumplieron también una función de equilibrio social muy importante, ejerciendo de puente entre el pueblo y el poder, suavizando los rigores impuestos a la población libre debido a la prohibición de las manifestaciones artísticas, que al relegar la música y la poesía al ámbito servil llegaron al resto de la población de forma indirecta. La amplia concentración de la comunidad negroafricana, y por tanto de la presencia gnawa, que se da todavía hoy en ciudades como Marrakech y Esauira (llamada antiguamente el puerto de Tumbuctú) se debe a que ambas ciudades habían sido importantes mercados de esclavos conectados a la ruta transahariana. Después de décadas de semiclandestinidad, la primera proyección de la música gnawa fuera de su propio ámbito se dio en los años 60 y 70, cuando **grupos pioneros como Nass el Ghiwane** y más tarde **Jil Jilala, Muluk el Hawa y Nass Marrakech** (ya en los 90) hicieron su propia mezcla de estilos a partir de las tradiciones clásicas marroquíes, ritmos bereberes y danzas gnawa. Esta primera "revolución" musical nos descubrió a los foráneos horizontes insospechados hasta entonces, mientras que en su propio contexto significó la reivindicación de lo autóctono.

Con la creación en 1998 del Festival de Esauira se consiguió por un lado dar a conocer un riquísimo patrimonio humano y artístico y por otro dar carta de identidad y reconocimiento público a aquellos que seguían transmitiéndolo a las nuevas generaciones. Hoy la herencia musical de los gnawa nos llega de la mano de sus maestros (**Hamida Boussou**,

Bailar la Danza del Vientre

recientemente desaparecido. **Abdeslam Belghiti, Mahmoud Guinea, Abdeslam Alikane, Abdelkebir Merchane, Hamid el Kasri, Allal Soudani, Abdelkader Amlil o Mustapha Bakbou,** entre otros), que desde Esauira, Marrakech, Casablanca o Rabat nos ofrecen el repertorio tradicional interpretado según su filiación estilística y su propio sello personal. A grandes trazos podemos señalar dos estilos principales en la gnawia marroquí: por un lado los localizados en el entorno de los centros de poder (las ciudades imperiales principalmente, en las que se concentró un importante contingente de soldados negros), donde la influencia de la música culta se hace notar en una mayor preponderancia del guembri y sus variaciones instrumentales, y por otro los localizados en los entornos rurales, con mayor influencia del folklore bereber y predominio del ganga. A partir de ahí podremos distinguir las particularidades de los diversos estilos, más o menos definidos, más o menos sutiles, como el suiri o marsaui (en referencia al puerto de Esauira), shalhaui (bereber), marrakshi (de Marrakesh) o shamali (del norte) entre otros, que se diferencian según las tradiciones locales asimiladas, los dialectos o los arreglos musicales utilizados, la rapidez de ejecución y el virtuosismo de sus improvisaciones.

Pura tradición, puro jazz y fusiones, fusiones, fusiones...

La proyección espectacular de la música gnawa en los escenarios que hoy observamos radica no sólo en el amplio despliegue (inteligente y riguroso) llevado a cabo por los promotores del Festival y a la sinergia creada por éste sino a la propia esencia gnawa, con una capacidad insospechada de adaptación a lo externo. El Festival de Esauira aprovecha el indudable atractivo que la presencia gnawa otorga en las colaboraciones con otros músicos y propicia con ahínco esos encuentros. **Karim Ziad** (uno de los directores musicales del Festival, junto a Alikane y Ehrlich), Kasri, Adil Amimi y Ramón Valle; Merchane y Yaya Outtara; Guinea, Sudani y Tidiane Seck; Bakbou, **Gangbé Brass Band y Mokhtar Samba; Tyour Gnaoua y Ray Lema,** son sólo algunas de las propuestas que pudimos escuchar en la pasada edición, tanto en los grandes escenarios como en Dar Souiri o Chez Kebir, ese acogedor club que, cual Jamboree mogadoriano, enmarca y propicia inolvidables y antológicos momentos de fusiones improvisadas.

Puro jazz, intimista, explosivo, melódico o colorista, con el energético pulso gnawa omnipresente. La progresiva profesionalización musical de los maâlem (independiente de su inherente labor social) ha hecho que algunos de ellos hayan empezado a liderar sus propias propuestas con grupos más o menos estables junto a los que realizan giras puntuales: Abdeslam Alikane con Tyour Gnaoua, Hassan Boussou con Sewarye, Abdellah el Miry con Horse Trances o Hamid el Kasri con Gnawa Crossroads, por ejemplo. Por otro lado, muchos son los grupos jóvenes (y de ahí el brillante futuro que se le augura), tanto en el propio Magreb como en Francia, que se inspiran en el patrimonio gnawa para sus nuevas creaciones, tomando de él ritmos y acentos que pueden formar parte de trabajos de fusión ciertamente interesantes (Gnawa Diffusion, Darga o Bleu Mogador).

Las decenas de formaciones que incorporan la palabra gnawa pueden albergar a fin de cuentas mezclas más o menos acertadas de tradiciones árabes o magrebíes propiamente dichas (tanto clásicas como populares), pop, rock o hip hop (**Casa Crew, Zazz, Fnaïre o Hoba Hoba Spirit**). Un abanico lo suficientemente amplio, rico e interesante como para que podamos (con gran placer para nuestros oídos) perdernos en él. Un último apunte: hay que acercarse a la página oficial del Festival (**www.festival-gnaoua.net**) y descubrir, sin prisa, todo lo que durante estos diez fructíferos años nos ha ido ofreciendo. ■

El Sáhara: viaje musical a la frontera sur del Mediterráneo

Mª Elena Morató. Periodista y crítica de arte, España

Vale la pena detenerse un poco en todo el movimiento generado en los últimos años alrededor de Sijilmasa, Tombuctú, Agadez, Bamako, Nuakchott o Djanet, centros en que se reorganizan culturalmente (a la desesperada) las sociedades descalabradas anteriormente por guerras, litigios territoriales y presiones de todo tipo.

La proyección y el conocimiento de estas realidades culturales resultan, por tanto, valiosísimos para su pervivencia y desarrollo en el seno de las nuevas realidades políticas y sociales en las que tienen que acomodarse y en las que se les debe permitir acomodarse.

En este sentido hay que reconocer que el interés de la industria discográfica por descubrir y fichar a nuevos valores musicales, buscando relevo generacional a figuras consagradas, o por ampliar sus catálogos de *world music*, propician el desarrollo y la mayor profesionalización de grupos muchas veces surgidos de forma ocasional.

Por otra parte, el interés de los gobiernos por acallar disidencias en los países con conflictos (abiertos o soterrados) ha encontrado en la permisión y potenciación de festivales folklóricos una vía de canalización de las reivindicaciones culturales que sirve por un lado de válvula de escape para unos, y por otro apacigua su fuerza, transformando en espectáculo lo que en otras circunstancias había sido símbolo para la reivindicación de una comunidad.

La música del Sáhara es hoy una realidad cultural cuyo pulso, pese a las circunstancias políticas y sociales poco favorables, está más vivo que nunca.

El marco geográfico y social

La creación musical en la franja del Sáhara ha sabido construir a lo largo de los siglos una identidad propia, gracias en buena parte al papel que ha tenido y que hoy en día sigue teniendo como eslabón cultural entre el Norte y el Sur.

El Sáhara, frontera natural entre el mundo mediterráneo árabo-bereber y las culturas centroafricanas, ha ejercido un papel cohesionador que se forjó gracias al intenso intercambio comercial en dos rutas perpendiculares que lo cruzaban de Sur a Norte (rutas de la sal, del oro, del marfil y de los esclavos, principalmente) y de Este a Oeste (la ruta de las caravanas que, del mar Rojo al Atlántico, unía Oriente con Occidente).

En este doble cruzamiento, los pueblos protagonistas fueron las tribus nómadas de tuaregs y saharauis, que durante siglos campearon a sus anchas por el desierto, dominando el tráfico de las caravanas y manteniendo un particular equilibrio de poderes basado en una fuerte jerarquización social y un sistema de confederaciones y vasallaje entre las diversas tribus.

Sustrato bereber y herencia árabe. El papel político

Tanto las sociedades que hoy conocemos de los tuaregs berberófonos o *kel tamasheq*, asentados en el Sáhara central, como los bidán o saharauis de habla árabe hassanía en el Sáhara occidental, en mayor o menor medida mestizadas, comparten unos rasgos comunes con ciertas especificidades dictadas por un lado por su ubicación geográfica, y por otro por las herencias que han ido incorporando a sus comunidades.

En la zona que se extiende desde el sur de Marruecos hasta la ribera del río Senegal (Sáhara Occidental, Mauritania, Mali y el sur de Argelia,), conocida como Bilad al-Bidán (pueblos de hombres blancos) convive una población heterogénea de diversa procedencia llamada mora o maura.

Los bidán son en su mayoría descendientes de bereberes sanaja convertidos al islam por la tribu Beni Hassan, proveniente del Yemen. Esta tribu extendió su autoridad por la mayor parte del Sáhara mauritano entre los siglos XV y XVII y, tras diversos episodios bélicos, se fusionó con sus antiguos habitantes. Impuso desde su posición de vencedora una fuerte jerarquía tribal que se organizó en cuatro clases sociales: los moros blancos o nobles, integrados por los guerreros hassan y la clase culta y religiosa sanaja, y los moros negros, que incluyen a los harratín, vasallos generalmente pastores, integrados tanto por poblaciones indígenas negras berberizadas como por los descendientes de los esclavos subsaharianos, y a los esclavos o *iklan*, luego servidores. Los artesanos (*enaden* o herreros) formaron una clase aparte, de la que saldrían los músicos y poetas profesionales o *igauen*, influenciados por los *griots* centroafricanos. Esta sociedad tendrá que convivir a su vez con poblaciones peul, wolof, fula y soninké, que fueron desplazándose hacia el Sur a medida que avanzaban las invasiones de bereberes y árabes.

No hay que olvidar en este complejo escenario el papel de los bidán en la expansión de las cofradías religiosas (Qadiriya, Fadiliya y Tiyaniya) en el oeste africano y su factor como cohesionadores sociales en un doble juego de poder, político y religioso, una vez les fue negada en el siglo XVII su condición de guerreros por parte de los hassan.

La música del Sáhara es hoy una realidad cultural cuyo pulso, pese a las circunstancias políticas y sociales poco favorables, está más vivo que nunca

Estas poblaciones nómadas de tuaregs y saharauis, que a raíz de la colonización europea de África y su posterior descolonización (con unos límites fronterizos mal adaptados al ciclo del nomadismo y fuente no agotada de problemas) fueron paulatinamente desplazadas de sus territorios seculares hacia las zonas más inhóspitas y limítrofes del desierto, se encuentran hoy divididas entre Mauritania, Sáhara Occidental, Argelia, Libia, Mali, Níger y Burkina Faso.

Son dos los factores que marcan la situación actual de estos pueblos del desierto: por un lado, los episodios de sequía de los últimos decenios, que obligaron a la sedentarización masiva y forzosa a partir de los años setenta, y por otro, los conflictos territoriales de carácter político. Ambos contribuyeron a la aparición de un gran número de desplazados, y se dio la paradoja de que la cultura se ha mantenido y potenciado en las zonas donde la población sufre las mayores penurias, creándose movimientos específicos de reivin-

Imagen del grupo musical Tinariwen, de Eric Mulet.

dicación surgidos de los diversos campamentos de refugiados que tienen eco en el resto de las comunidades.

Resumiendo lo dicho, si la realidad histórica es la que fraguó los estilos musicales en el Sáhara, propiciando una fusión de modos entre el sustrato bereber, la tradición del islam y de lo árabe y las tradiciones animistas del Sur, la realidad actual es la que marca la proyección y las evoluciones, integradas de un modo u otro en las corrientes de las modernas fusiones, tan recurridas por los músicos de todas las procedencias y que en cierta manera benefician la presencia de estos pueblos en los circuitos con algún tipo de repercusión mediática, con lo que al menos puede considerarse que «siguen vivos», aun a costa de ciertas concesiones perfectamente asumibles.

Trazos específicos de la música

En este contexto geográfico y social, la música del Sáhara adquirió con el transcurso de los siglos los rasgos de los pueblos nómadas: carácter comunitario, mínimo acompañamiento instrumental, cantos con la estructura de «llamada-respuesta», ritmos monótonos y repetitivos, austeridad ornamental...

En un primer estadio, y siguiendo la trayectoria de las primeras incursiones árabes del siglo VI, las caravanas de camelleros llevaron a esta zona de África los característicos ritmos y melopeyas de la *huda* de los desiertos de Arabia, de carácter monódico y melismático; esta práctica musical se fue afianzando a medida que la vida nómada se imponía en la región.

Podemos escuchar algunos de estos antiguos cantos conservados hasta hoy gracias a una serie de grabaciones realizadas en 1931[1] y depositadas en la Biblioteca Nacional de Francia (pertenecientes primero a los Archives de la Parole de la Universidad de París y luego al Musée de la Parole et du Geste), con voz del mauritano Hammed Touiff, que ilustran perfectamente ese carácter, diríamos, ascético de los cantos de caravaneros. Hoy es posible reconocer esta filiación en los cantos profundos e impresionantes de voces actuales, como la del saharaui Mahfud Aliyen.

Del mismo modo, el goteo constante de esclavos y siervos del Bilad al-Sudán[2] hacia los países del Norte llevaría al Sáhara la aportación de las tradiciones musicales y rítmicas de las civilizaciones centroafricanas, como la bambara o la peul, por citar sólo algunas. Los trazos de estas aportaciones son reconocibles, con sus distintas especificidades, desde el actual Sudán y la región nubia hasta la zona más occidental de África. En la parte oriental del Sáhara, algunas de las composiciones de Hamza el-Din, Alí Hassan Kuban y del folklore nubio o del sudanés Abd el Gader Salim, por ejemplo, nos muestran hoy esa fusión de formas fraguada a lo largo de siglos de interacción.

A partir del enlace sudanés, que, aunque profundo, tiene un carácter más festivo, nos adentramos de lleno en la austeridad conceptual que envuelve la música (como la misma vida) del Sáhara. Quizá es esa aversión a lo superfluo lo que le otorga su fuerte personalidad. Los melismas, las variaciones, no se presentan como ornamentaciones barrocas, sino que forman parte de la misma esencia del canto o de la melodía. Una esencialidad que encontramos sobre todo en las zonas más apartadas, donde la música ha podido desarrollar todo su potencial creativo sin excesivas injerencias.

Otra de las características que suele resaltarse de la música del Sáhara es su conexión con el blues, a la que se llama blues del desierto y en algunos casos protoblues.

Otra de las características que suele resaltarse de la música del Sáhara (y que es ampliamente utilizada en su promoción) es su conexión con el *blues*, a la que se llama *blues del desierto* y en algunos casos *protoblues*. Uno de los factores de esa conexión es el uso de la escala pentatónica y los medios tonos o *blue notes*. Una herencia musical ampliamente conocida en el ámbito de la música del África occidental subsahariana, y que será transmitida desde el Sur por el *griot*, figura social que se incorporará al mundo saharaui gracias al papel de los *enaden*, y que dará lugar al *haul*, la música culta de la zona del bidán.

El *haul*

El *haul*, llamado también *azawan* (música en amazigh), es un canto que se formó hacia el siglo XVIII, cuando los *igauen*, herederos saharauis de los *griots*, acompañaban a los jefes de tribu en sus desplazamientos y ejercían un importante papel social como transmisores de ideas, creencias y propaganda. Con el tiempo y los cambios sociales, su papel fue evolucionando al de entretenimiento público y colectivo de carácter lúdico.

---

1. *Traditions. Afrique, Afrique-Occidentale française (1910-1958), Mauritanie. 1931.* Bibliothèque Nationale de France, 1996.
2. Hay que prestar atención al término Sudán. En ocasiones puede referirse al actual Estado de Sudán, pero en muchos textos, ya desde las primeras invasiones árabes, hace referencia a las distintas zonas del Bilad al-Sudán o países de poblaciones negras que en su día fueron estados o imperios autónomos y más tarde colonias francesas o inglesas.

Los instrumentos que acompañan al *haul* son el *tidinit* (laúd de cuatro cuerdas tocado sólo por hombres y que conserva un carácter simbólico de herencia centroafricana), y el *tabal* y el *ardin* (instrumento de la familia de la *kora* pero de seis a doce cuerdas), tocados sólo por mujeres.

El *haul* se rige por un esquema perfectamente estructurado de partes y modos (se habla de treinta modos distintos, aunque algunos de ellos se van perdiendo), cada uno con su propio estilo de ejecución, y en el que se canta a un ámbito determinado de la vida (amor, guerra, trabajo, resignación...). Tradicionalmente, el *igauen* es el maestro que interpreta y dirige una suite de *haul*, que se divide en cinco partes principales, cada una de las cuales tiene su parte negra y su parte blanca, que son interpretadas siguiendo un orden preciso e inalterable, de manera que se alternan momentos introspectivos o nostálgicos con otros de carácter festivo. Todos los ritmos utilizados, aunque tienen su origen en la misma naturaleza (marcha del camello, sonido de árboles...) constituyen un amplio corpus percutivo que se transmite de maestro a alumno tras un largo periodo de aprendizaje.

Coexistiendo con el *haul*, y siguiendo sus mismas reglas, encontramos los cantos de tradición musulmana o *medeh*, una suerte de cantos que ensalzan la figura del Profeta.

Algunos de los intérpretes más destacados de estos cantos cultos son los mauritanos Sid Ahmed Ould Ahmed Zaydan, Dimi Mint Abba y Aicha Mint Chigualy, fieles al estilo tradicional, y la saharaui Mariem Hassan, convertida en embajadora de un movimiento surgido en los campamentos de refugiados de la hamada argelina, y que cuenta con otras voces destacadas como las de Shueta, Faknash, Jeirana y Mahfud Aliyen. Mención aparte merecen artistas como Moudu ould Mattalla (desde Chinguetti) y Nayim Alal (desde Tinduf), que evolucionan los estilos tradicionales e incorporan la guitarra eléctrica en sustitución del *tidinit*. Ésta es una característica común a toda la creación musical de la franja del Sáhara, donde la guitarra es símbolo de apertura a la modernidad y, en consecuencia, un pase universal que asegura la continuidad de unas tradiciones en los nuevos tiempos, básicamente por su aceptación entre la juventud local y porque no está sujeta al protocolo de clases sociales (es un instrumento democrático, en definitiva).

Entre los saharauis desplazados del Sáhara Occidental se observa una evolución en los temas, que se vuelven más combativos y reivindicativos, al tiempo que denuncian la opresión y el sufrimiento de su pueblo.

La especificidad tuareg

La tradición bereber, que hoy sigue viva en las zonas del Rif, la Cabilia, la Shawia y el Shluh,[3] tiene su representación en el desierto gracias a los tuaregs. Pese a los drásticos cambios sociales experimentados en los últimos años, la actual música tuareg sigue presentando las características tradicionales a que antes nos referíamos para las músicas nómadas. Las distintas regiones del Sáhara (Fezán, Adrar, Aïr, Hoggar, Azawagh...) tienen naturalmente sus propias particularidades musicales, aunque aquí apuntaremos tan sólo los trazos generales.

Al igual que entre los saharauis, con quienes comparten la estructura social, fueron los artesanos los que adoptaron el rol del *griot* y su instrumento, que aquí reciben el nombre de *aguten* y *tahardent* respectivamente. Sin embargo, la música tradicional tuareg es par-

---

3. Para más información sobre música bereber: www.azawan.com.

ticularmente cultivada por las mujeres, a quienes se reserva el uso del *tindé* y el *imzad*, parientes cercanos del *tabal* y el *ardin* saharauis.

Según el etnomusicólogo François Borel,[4] la música tuareg se divide en música vocal realizada por hombres, que incluye los cantos de los caravaneros y cantos de guerra, de carácter melismático; música instrumental de mujeres (realizada por las castas de nobles o de vasallos) y música instrumental y vocal de mujeres (realizada por la casta de artesanos o de servidores). Este autor realizó entre 1971 y 1998 una serie de grabaciones de los cantos de las mujeres tuaregs de Níger[5] en las que puede apreciarse toda la riqueza de esta música y el increíble virtuosismo vocal que puede alcanzar.

Pueden encontrarse grabaciones diversas de este tipo de manifestaciones musicales, algunas de las cuales, realizadas hace años, son hoy auténticas joyas. Por suerte, quizá debido al creciente interés por las músicas del Sáhara, no es difícil acceder a grabaciones dignas de colección, como (entre otras) la de los tuaregs de Fewet, de la zona libia del oasis del Fezán.[6]

La evolución de las manifestaciones musicales en los tuaregs sigue paralela a la de los saharauis, dado que comparten con ellos el fenómeno de la sequía y el desplazamiento de buena parte de la población. Las rebeliones tuaregs de los años sesenta y noventa, cuyas aspiraciones políticas fueron violenta y drásticamente reprimidas por los gobiernos de Malí y Níger, otorgaron a su música un componente reivindicativo de gran alcance gracias a los cantos rebeldes de los *ishumar* (gente sin trabajo), que tuvieron en el grupo Tinariwen a sus figuras más representativas. Tinariwen surgió en 1982 en una situación de diáspora y exilio en los campos de entrenamiento de Libia, adonde acudió buena parte de la juventud desarraigada de Tamanraset en respuesta al llamamiento de Gaddafi. Hoy Tinariwen es un grupo mítico, y a sus componentes se los considera héroes de la rebelión tuareg. Sus letras, prohibidas durante años en Argelia, Malí y Níger, se convirtieron en la voz de un conflicto silenciado. Pese a ser considerados los creadores de la música contemporánea de su pueblo, sus raíces son claramente tradicionales.

Hoy Tinariwen es un grupo mítico, y a sus componentes se los considera héroes de la rebelión tuareg

Destacamos por su amplia repercusión la aportación de Tartit, grupo surgido también de la diáspora (esta vez de los campos de refugiados de Burkina Faso). De reciente creación a partir de no profesionales, es una formación femenina que interpreta distintos repertorios que conservan las formas y las estructuras de la manera tradicional.

Otro tipo de evolución a tener en cuenta dentro del amplio patrimonio tuareg es el llevado a cabo por músicos como Alassane et Hasso (desde Agadez), que interpretan los repertorios poéticos acompañándose de guitarras acústicas, o Baly Othmani, que desde Djanet volvió la vista hacia el Norte, mezclando el repertorio tradicional de poesía cantada con un clasicismo de filiación árabe mediante la adopción del *oud*. Este último fue uno de esos artistas autóctonos que entraron en el circuito mundial de la mano de conocidos músicos occidentales, cuya colaboración dio lugar a creaciones de una sofisticación extrema.

En los últimos tiempos se ha producido un acontecimiento clave para el desarrollo de la

---

4. François Borel, «Rythmes de passage chez les Touaregs de l'Azawagh». *Cahiers de musiques traditionnelles*, n.° 2. 1989; François Borel y Alberto Costa, *Tuareg. Los nómadas del desierto*, Fundació «la Caixa», 2001.
5. «Niger. Musique des Touaregs», vol. I, *Azawagh*, vol. II, *In Gall*, VDE-Gallo.
6. *Musique du Monde. Libye. Musiques du Sahara. Touareg de Fewet*, Buda Musique.

música contemporánea tuareg: la pacificación de Malí a finales de los noventa, que permitió la creación en 2001 de un festival cerca de Tombuctú, llamado Festival del Desierto, que ha propiciado en este corto período la proyección internacional de los grupos emblemáticos de la música tuareg, así como la presentación de nuevas formaciones, y que constituye una esperanza para el futuro desarrollo, no sólo de la cultura, sino de toda la región.

La aparición en la última convocatoria de grupos como Etran Finatawa (formación mixta tuareg y peul) quizá es un signo del rumbo que las sociedades del Sáhara desean tomar para salvar la difícil supervivencia de sus pueblos y sus culturas. Y Tombuctú vuelve a ser, como dijo Alí Farka Touré (uno de los grandes *griots* del Sur), «el corazón del mundo».

Proyección de la música del Sáhara

El fenómeno de la atracción por las manifestaciones musicales del Sáhara no es algo nuevo. Podemos encontrarlo ya en los años cincuenta, cuando el interés «militante» (es decir, no meramente antropológico) de músicos europeos y americanos de todo tipo de filiaciones (jazz, folk y más tarde pop e incluso rock) los acercó a esas fuentes todavía no explotadas buscando nueva inspiración para sus trabajos. Ésa fue la primera vía de entrada (indirecta) a unas facturas a las que poco a poco nos iríamos acostumbrando, muchas veces sin sospechar cuál era su procedencia.

Es en los años setenta cuando se produce el viaje a la inversa, cuando grupos pioneros como Nass el Ghiwane (desde Casablanca) hacen su propia mezcla de estilos a partir de las tradiciones clásicas marroquíes, ritmos bereberes y danzas gnawa. Este fenómeno, que trascendió a Europa y nos abrió los ojos a las músicas «al Sur de lo árabe» (en esa franja desértica ignorada durante mucho tiempo), siguió ya imparable con otros grupos igualmente conocidos.

La música y el canto no se aprenden en ninguna escuela, se «viven» en la cotidianidad social, siendo la mujer el hilo que mantiene vivo ese día a día

Tras el creciente reconocimiento de estas manifestaciones musicales surgidas del desierto y la implantación de festivales musicales[7] en todos los países que orillan el Sáhara (muchas veces adaptados aprovechando los tradicionales encuentros anuales entre las distintas tribus nómadas), un cierto atisbo de optimismo nos hace pensar que algo empieza a removerse y que los artífices de esas creaciones singulares podrán desarrollar y mantener su trabajo con una cierta tranquilidad.

De todos modos, a veces resulta inevitable pensar que estamos escuchando joyas musicales (como cuando oímos a los viejos intérpretes del *haul* tradicional) que el vertiginoso proceso de cambios pronto transformará en documentos exclusivos de los archivos. Los procesos de mestizaje y fusión son un motor que ayuda a la supervivencia, pero implican por desgracia la pérdida de un patrimonio cultural que se nos escapa de las manos como la propia arena del desierto.

La mujer: garante y transmisora

Un último apunte para situar el papel de la mujer en el proceso de la creación musical en el Sáhara nos lleva a recordar su doble tarea

---

7. Festival del Aïr en Iferuane; Festival del Desierto en Essakane; Festival Internacional del Sáhara en Duz; Moussem de Tan Tan; Festival de Agadir; Festival de Músicas Nómadas de Nuakchott; Festival de Músicas del Desierto en Merzuga, entre los más destacados.

como transmisora y garante de la cultura. Sin embargo, este papel no puede analizarse sólo desde el punto de vista musical (con una tradición que marca para ella, con unas reglas muy precisas, un tipo concreto de música, canto e instrumentos) ya que, como ha sido ampliamente estudiado, la herencia matriarcal de estas sociedades y su propio sistema social propician que el aprendizaje cultural y su transmisión entre generaciones tenga lugar en el contexto familiar, en el que la mujer ocupa un lugar preponderante.

La música y el canto no se aprenden en ninguna escuela, se «viven» en la cotidianidad social, siendo la mujer el hilo que mantiene vivo ese día a día que permite una continuidad cultural perfectamente definible. Ese papel fundamental queda muchas veces diluido en el devenir y la preocupación por lo cotidiano, aunque, si se observa en perspectiva, resulta diáfanamente claro.

En la evolución actual de las comunidades saharianas, salpicadas de las rupturas y los cambios apuntados en este artículo, la aportación de la mujer es doblemente importante, pues al rol tradicional se une en muchos casos el de la militancia consciente a favor del mantenimiento, la mejora y la eficacia de su sistema. Un rol que se hace tanto más evidente (y necesario) cuanto mayor es el grado de penuria colectiva de la comunidad afectada.

En todo caso, un análisis más pormenorizado de este punto (que escapa al alcance de este artículo) nos revelaría la justa relevancia de la contribución femenina al universo cultural en el Sáhara.

Gnawa: música y espíritu

Mª Elena Morató. Pintora, escenógrafa y crítica de arte

En el inmenso conglomerado de fusiones africanas en las que hoy podemos adentrarnos nos encontramos con un caso del todo singular: el *gnawa*. El acercamiento a la expresión musical de los *gnawa*, de profundas implicaciones sociales y religiosas, nos descubre no sólo un riquísimo patrimonio cultural, sino también uno de los capítulos que mayor incidencia tendrán en el desarrollo de las sociedades norteafricanas durante los últimos quinientos años: el esclavismo.

El término *gnawa* hace referencia a las agrupaciones cofrádicas (y por extensión a sus manifestaciones) de un grupo étnico-religioso minoritario de origen subsahariano, pero con una importante presencia sobre todo en Marruecos y, en menor medida, en Argelia y Túnez, donde son conocidas como *diwan* y *stambali* respectivamente. No existe unanimidad a la hora de considerar la *gnawiya* propiamente una *tariqa* o vía religiosa de carácter sufí del mismo modo que puedan serlo algunas de las más arraigadas en el Magreb, como la *qadiriya*, *issawiya* o *hamdushiya*, entre otras, con las que sin embargo comparte estructura organizativa y ritos extáticos y de posesión,[1] en lo que se consideran los límites de la ortodoxia islámica.

La fijación de estas expresiones de carácter sincrético tuvo lugar a lo largo de varios siglos, durante los cuales el sustrato ritual animista fue adaptándose al islam, con variaciones que dependían tanto de la zona geográfica como del entorno social al que tuvieron que adaptarse las distintas comunidades negras.

Los orígenes

El origen de los *gnawa*, palabra que parece venir del término bereber *agnaw/ignawen* («mudo»), en

---

1. Alexander Popovic y Gilles Veinstein (coords.), *Las sendas de Allah. Las cofradías musulmanas desde sus orígenes hasta la actualidad*, Barcelona, Edicions Bellaterra, 1997.

referencia al desconocimiento que aquéllos tenían del árabe y del bereber,[2] hay que buscarlo en primer lugar en los diversos contingentes de esclavos negros que entre los siglos XI y XIII fueron llevados hacia la franja del Magreb provenientes del reino de Abisinia, que ocupó una posición estratégica en las rutas caravaneras, y del antiguo reino de Ghana (lo que es hoy parte de Mauritania, Malí, Burkina Faso y Senegal). El tradicional comercio de esclavos desde el gran Sudán se intensificó a raíz de la conquista, a finales del siglo XVI, de parte del Imperio Songhai llevada a cabo por el sultán de Marruecos Ahmed Al-Mansur, tráfico que continuó hasta los primeros años del siglo XX.

Los descendientes de estos esclavos, junto con otras poblaciones negras libres emigrantes llegadas a través de las rutas caravaneras, se mezclaron con la población local y formaron un colectivo que, pese a su origen diverso, adquirió identidad propia gracias a la figura de Sidi Bilal, el primer esclavo de origen etíope liberado por Mahoma y que fue primer muecín del islam. Estas comunidades serán conocidas también bajo otros nombres en referencia a su origen geográfico (*sudani*, *bambara*), su condición social (*ousfan*, esclavos), su filiación religiosa (*bilali*) o algunas de sus prácticas de origen (*bori*, en referencia a la danza de posesión practicada por los hausa llevados a Trípoli).

La importante concentración de la comunidad negra que se da en ciudades como Marrakech y Esauira (llamada antiguamente el puerto de Tombuctú) se debe a que ambas ciudades habían sido importantes mercados de esclavos conectados a la ruta transahariana. Estos centros neurálgicos dieron lugar con el transcurso de los siglos a lo que podríamos llamar escuelas o estilos dentro de la propia tradición *gnawa*, que mantiene a pesar de todo unos trazos que la diferencian claramente del resto de tradiciones musicales que se desarrollan en el Magreb. Se fundamentan en tres puntos principales: cantos de tipo responsorial (llamada-respuesta), reiteración de secuencias melódico-rítmicas, y polirritmia de herencia netamente africana.

Herencias musicales

Prohibidas durante mucho tiempo en unos países y únicamente toleradas en otros, las manifestaciones de estas cofradías se vieron también silenciadas o menospreciadas.[3] Fueron todas esas circunstancias las que propiciaron la creación de un culto original y un movimiento cultural distintivo en el que se mezclan las distintas aportaciones africanas (bambará, songhai, fulani o hausa) con las araboberéberes, en un cóctel cuyas características dependerá de la zona en la que se desarrolle.

Como hemos señalado, la conexión *gnawa* proporcionó los elementos de enlace entre las músicas árabes del norte y las músicas de herencia subsahariana. Sus ceremonias adquirieron una especificidad musical que fusionaba el misticismo sufí con los ritmos del África occidental preislámica. No resulta difícil rastrear estos orígenes, pues los mismos cantos que tienen lugar durante una parte de las celebraciones, en los que se habla de sufrimiento, cautiverio y exilio y en los que se evocan esas comunidades lejanas y los propios antepasados, se cantan todavía en las lenguas originales. Hecho que evidencia, por otra parte, que es una tradición que se transmite oralmente de padres a hijos. Todos los *ma'allem* (o *maāllem*, maestro músico que dirige las ceremonias) son descendientes directos de estos esclavos o han sido instruidos e iniciados por ellos desde niños, en un aprendizaje que dura entre los siete y los dieciocho años, aproximadamente.[4]

Una de las huellas más importantes que pueden rastrearse es la mandinga y bambará,[5] pueblo de presencia mayoritaria en una de las zonas principales de aprovisionamiento de esclavos, en las riberas del río Níger. Pero también lo son las huellas songhai, yoruba y hausa, localizadas más al este y al sur. Si

---

2. Jordi Aguadé, «Sobre los *gnawa* y su origen», *Estudios de dialectología norteafricana y andalusí*, n.º 4, Zaragoza, Instituto de Estudios Islámicos y del Oriente Próximo, 1999.
3. *Stambali*, documental de Nawfel Saheb-Ettaba, Túnez, 2000.
4. Hamid Kasri *et al.*, *Gnawa. Home songs*, Accords croisés, 2006.
5. *Mali. Musique bambara du Baninko*, VDE-Gallo, 1998.

los primeros dan preponderancia al canto y acompañamiento del *guembri*, los dos últimos dejaron su huella en percusiones complejas y características, que podemos reconocer en los ritos del candomblé, la macumba o el vudú, sus herederos americanos.

Los instrumentos

La importancia que se da a los instrumentos como transmisores de conocimientos y de valores sociales en las comunidades tradicionales africanas tendrá su reflejo en el papel fundamental que juegan aquéllos en las ceremonias de la *gnawiya*.

Tres son los instrumentos sobre los que se sustentan las ceremonias: el *guembri*, las *qraqab* y el *ganga* o *tabal*, un gran tambor de doble membrana que se toca con dos baguetas distintas para producir sonidos graves y agudos.

El instrumento vehicular, el *guembri* (también *sintir, zouaq* o *hahjouj*) es un laúd-tambor de tres cuerdas con caja de de resonancia de madera de álamo, caoba o nogal recubierta con piel de dromedario, que guarda un estrecho parentesco con el *ngoni* (de cuatro cuerdas) de los griots subsaharianos. También el estilo de sus cantos ha dejado huellas en la forma en que los *ma'allem* transmiten la historia y la sabiduría espiritual de su pueblo. El *guembri*, que se toca con una técnica a la vez melódica y percutiva, es como la voz que susurra y dirige, el lamento, la evocación y la invocación.

Las *qraqab* (*karkabu* o *chkacheks*), grandes castañuelas metálicas en forma de ocho, acompañan al *guembri* y son las encargadas de marcar y mantener constante el latido de los presentes siguiendo ritmos binarios y ternarios que se encabalgan y alternan a lo largo de la velada. Son las que ayudan a los asistentes a alcanzar el trance temporal y el hilo conductor que los sitúa en el universo *gnawa*, en el que los músicos que las tocan, discípulos del maestro, realizan el contracanto y ejecutan las danzas.

Los estilos

Es la mayor o menor presencia de esas huellas centroafricanas, junto con el espacio geográfico y social en el que se desarrollen las cofradías, lo que marcará su carácter musical específico. A grandes trazos podemos señalar dos estilos principales: por un lado, los localizados en el entorno de los centros de poder (las ciudades imperiales marroquíes, principalmente, en las que se concentró un importante contingente de soldados negros conocidos como *Abid el Boukhari*), donde la influencia de la música culta se hace notar en una mayor preponderancia del *guembri* y sus variaciones instrumentales y, por otro, los localizados en los entornos rurales, con mayor influencia del folklore bereber y predominio del *ganga*.

Basta escuchar grabaciones como la realizada por Lecomte[6] de los rituales de la cofradía *saidiya* de Mostaganem por descendientes nigerianos en esta ciudad del este argelino y compararla con alguna de las ceremonias *gnawa* de Casablanca o de alguno de los grupos situados en las zonas desérticas, por ejemplo, para apreciar esas diferencias fundamentales. A partir de ahí, sólo con una mayor experiencia podremos distinguir las particularidades de los diversos estilos, más o menos definidos, como el *marsaui* (en referencia al puerto de Esauira), el *shalhaui* (bereber), o el *shamali* (del norte) entre otros, que se diferencian según las tradiciones locales, los dialectos o los arreglos musicales utilizados.

La ceremonia

Como en las demás cofradías sufies del norte de África, los *gnawa* celebran ceremonias colectivas rituales de carácter tanto iniciático como terapéutico, en las que la música juega un papel primordial para lograr el estado de trance. Estas ceremonias son conocidas con el nombre de *layla* (o *lila*, «noche») *de derdeba*,[7] también conocida como el rito de los siete colores. Se realizan a lo largo de toda una noche (el ritual

---

6. *Gnawa* de Mostaganem, *Rituels de la Layla et du Moussem*, Iris Music, 2000.
7. La palabra *derdeba* tiene relación con esa inmersión percutiva y trance durante la cual se pone orden al desorden que se manifiesta en enfermedades y dolencias y por la que se restablece el orden y la unidad del hombre con el universo.

completo puede durar hasta siete días), durante la cual el maestro músico es el encargado de hilvanar los repertorios profanos y sagrados que conducirán finalmente a la iluminación interior y a la sanación espiritual y física (tránsito vida-muerte-vida) con la ayuda de una vidente terapeuta o *muqadima*.[8]

Tres son las partes fundamentales que componen la *layla*: una introducción o *a'ada*, en la que los tambores, tras dirigir a los fieles en comitiva al lugar de la celebración de la ceremonia, purifican el espacio y lo abren a las influencias cósmicas. Después, ya aposentados los músicos, el *ma'allem* empieza por desgranar un repertorio profano (el *kuyu*) que empieza siempre con una serie de cantos llamados *uled bambara* (hijos de bambará), en los que se recuerdan los orígenes lejanos del pueblo *gnawa* en las lenguas originales, pese a que en la actualidad quedan muy pocos que puedan entenderlas. Tras esa introducción de carácter festivo, empieza la sesión de trance propiamente dicha o *muluk*, en la que el *ma'allem* entona una serie de cantos que hacen referencia a los siete espíritus o entidades sobrenaturales principales. La interpretación de estos cantos sigue un orden preestablecido en el que cada espíritu tiene su divisa y estilo musical, su color (asociado a un elemento cósmico) y su olor particular, que se hace presente gracias al incienso. A lo largo de la noche se invoca a los espíritus de la luz y de los santos (blanco), del agua (azul claro), del aire (azul oscuro), los de la sangre (rojo), el masculino (verde), los de la tierra y el bosque (de color negro), y el espíritu femenino (amarillo).[9] Durante la ceremonia, todos los que entran en trance son cubiertos con un pañuelo del color del espíritu que los posee.

Gnawa en los escenarios

Era inevitable que todo el poder hipnótico que ejerce la música *gnawa* fuera de algún modo descontextualizado del rito y trasladado a los escenarios con mayor o menor respeto, con mayor o menor fortuna. Fue en los años sesenta y setenta cuando grupos pioneros, como Nass el Ghiwane y más tarde Jil Jilala, Muluk el Hawa y Nass Marrakech (ya en los noventa), hicieron su propia mezcla de estilos a partir de las tradiciones clásicas marroquíes, ritmos bereberes y danzas *gnawa*. Esta primera revolución nos descubrió a nosotros horizontes musicales insospechados hasta entonces, mientras que en su propio contexto significó la reivindicación de lo autóctono. Esta tendencia siguió ya imparable con otros grupos, que no dudaron en incluir los trazos de una expresión que había estado silenciada y llevarla más allá de sus fronteras. El testigo fue recogido también por americanos y europeos que se acercaban a esas fuentes en busca de nuevos aires para sus composiciones.

A partir de ese momento, y cada vez con mayor asiduidad, la huella *gnawa* fue haciéndose visible a través de su presencia en festivales gracias tanto a sus particularidades musicales como a su espectacularidad escénica. Esta circunstancia, sin embargo, ha contribuido a su folklorización al potenciarse la música y la danza en detrimento de las finalidades rituales, creando un producto adaptado a este gusto profano que viene acrecentado por la progresiva profesionalización de los *ma'allem*. Como en cualquier tipo de expresión musical de carácter religioso que irrumpe en los escenarios, también en éste ha generado una cierta controversia la descontextualización, aunque no faltan los argumentos que la justifican.

Paralelamente a esta evolución, se asistía a un mayor reconocimiento del mundo *gnawa*, creándose en 1998 el Festival *Gnawa* de Esauira,[10] un auténtico e ineludible punto de encuentro para todo tipo de expresiones, de las más puras (Mahmoud Guinea, Abdeslam Alikane, Abdelkebir Merchane, Hamid El Kasri, Mustapha Bakbou, Hamida Boussou o Allal Soudani, entre otros) a las más mestizadas (el grupo *Gnawa* Diffusion sería el ejemplo más característico).

Entre los exponentes de esta nueva expresión, quizá el más conocido es Hassan Hakmoun, que pese a mantener su inequívoco sello *gnawa* presenta en ocasiones composiciones muy alejadas de él, pero

---

8. *Les sept couleurs de l'Univers*, documental de Jacques Willemont, Francia, 2005.
9. Mohammed Zourhbat y Amida Boussou, *Gnawa Leila*, vols. I a V, Al Sur-média 7, 1995.
10. www.festival-gnaoua.co.ma.

también encontramos sorpresas tan agradables como la del grupo Séwaryé (inteligente y formidable pulso *jazznawi*), o perlas solitarias como Hasna El Becharia, la única mujer que toca el *guembri*.

Muchos son los grupos jóvenes, tanto en el propio Magreb como en Francia, que se inspiran en el patrimonio *gnawa* para sus nuevas propuestas, tomando de él ritmos y acentos que pueden formar parte de trabajos de fusión ciertamente interesantes.

Algunas de las decenas de nombres que incorporan la palabra *gnawa* pueden albergar, a fin de cuentas, mezclas más o menos acertadas de tradiciones árabes o magrebíes propiamente dichas (tanto clásicas como populares), pop, hip hop, rock e incluso jazz. Un abanico lo suficientemente amplio para que podamos perdernos en él. Pero el camino, los caminos, de la música *gnawa* son muchos, aunque su espíritu es sólo uno.

desde la butaca

Shokry y Hamza el-Din: un encuentro

por María Elena Morató, crítica de arte

No hace falta más que poner su nombre en el buscador de internet para hacerse una idea de la huella que Shokry ha dejado en el mundo de la danza, no sólo en el ámbito español, sino por toda Europa, Medio Oriente y Sudamérica. **Shokry** supo transmitir a sus alumnos (mujeres y hombres) el espíritu del bailarín, hacerles partícipes de la magia que él mismo desprendía.

Artista y comunicador al mismo tiempo, ejerció de cohesionador social, aglutinando entorno a su persona primero y su escuela después no sólo a varias generaciones de bailarinas, sino a todo un elenco de personalidades de los más diversos ámbitos y procedencias. Las amistades y la influencia de Shokry fueron creciendo año tras año, hasta convertirse él mismo en personaje imprescindible, de tal manera que el paso periódico y puntual por "Las Pirámides" de la calle Limón tuvo en una época, al menos para mí, un carácter ineludible.

Me tienta, pero no voy a hacerlo, recordar aquí los inicios de mi amistad (casi siempre en la distancia) con Shokry y Rosa, surgida hace veinte años; o los avatares de cuando le trajimos a Barcelona en 1987 para impartir su primera master class en esta ciudad, o incluso cuando me dejaron participar en la realización de alguno de sus espectáculos (en calidad de ayudante de atrezzo y eventual presentadora), o de las colaboraciones en distintos proyectos editoriales, o...

Dejo de lado, en fin, la memoria personal porque sí me gustaría recordar un momento especialmente emocionante para Shokry, del que fuimos testigos mi hermana y yo y que siempre me supo mal no haber inmortalizado. Me refiero a su encuentro, breve pero intenso, con el gran músico nubio Hamza el-Din.

Un encuentro al que ya hice referencia en un artículo titulado Voces nubias, publicado en la revista Palimpsestos.

Shokry vino expresamente a Barcelona para ver su actuación en el marco del Festival del Mercat de les Flors, en primavera de 1994. Yo realizaba el seguimiento de las actuaciones y Eulalia era la encargada del trabajo fotográfico. Si pensamos que **Hamza el-Din** es un auténtico símbolo cultural para el pueblo nubio, con una reivindicación desde la música empezada en los años 60 durante la construcción de la presa de Asuán, y que Shokry siempre incluyó de alguna forma su herencia nubia en los repertorios de sus espectáculos, podremos entender su especial interés por conocerle en persona.

No teníamos cita, pero le esperamos a la puerta del teatro al finalizar una actuación que fue memorable y lo vimos salir con lentitud, ataviado con su túnica y turbante blancos enmarcando la dulzura de su rostro negro. Shokry, tras un breve titubeo, se acercó al músico y después de un intercambio brevísimo de palabras les vimos fundirse en un largo y profundo abrazo de hermanos que se reencuentran. Nosotras, a una distancia respetuosa, no pudimos oír su efímera conversación (aunque yo la iba imaginando) pero sí vimos sus expresiones y sentimos a través del aire la emoción del encuentro.

Shokry y Hamza el-Din no necesitaron muchas palabras para entenderse. Bastaba verlos juntos para comprender que estaban en el mismo camino: ser embajadores a través del arte de su rica cultura milenaria.

El destino quiso que ambos personajes, que aún en la distancia siguieron caminos paralelos, nos dejaran con tan sólo dos días de diferencia.

∎

Sobre la autora

Mª Elena Morató (Barcelona, 1958) es periodista y crítica de arte. Desde 1977 ha colaborado como articulista en numerosas publicaciones periódicas de ámbito internacional, realizando paralelamente biografías de artistas y libros de divulgación para distintas editoriales. Su relación con el mundo cultural árabe la llevó a editar y dirigir la revista *Zaqafa-Cultura*, desde la que trató temas relacionados con la literatura, arqueología, teatro, arquitectura, pintura y danza del mundo araboislámico y mediterráneo, temas que sigue tratando en la actualidad como articulista independiente.

Vivió intensamente el nacimiento y expansión de la danza del vientre en España en los años 80 y 90 de la mano de sus más reputados maestros. Fue colaboradora y crítica de danza en la revista *Danza Oriental*, editada en Madrid por Shokry Mohamed. En los últimos años ha seguido sus investigaciones por todo el Magreb y Sahara.

En este libro (edición ampliada del original de 2001) resume los datos y experiencias sobre danza del vientre recopiladas durante más de 30 años.

www.ingramcontent.com/pod-product-compliance
Lightning Source LLC
Chambersburg PA
CBHW060822050426
42453CB00008B/540